PUSHING ANOTHER CLOUD

U0576115

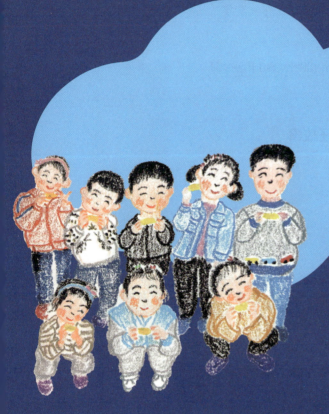

推动另一朵云

姜晓燕——主编

50 个
直击灵魂的
班主任故事

浙江工商大学出版社
ZHEJIANG GONGSHANG UNIVERSITY PRESS

· 杭州 ·

图书在版编目 (CIP) 数据

推动另一朵云：50个直击灵魂的班主任故事 / 姜晓燕主编 . — 杭州：浙江工商大学出版社，2023.9
ISBN 978-7-5178-5640-5

Ⅰ.①推… Ⅱ.①姜… Ⅲ.①班主任工作 – 文集 Ⅳ.① G451.6–53

中国国家版本馆 CIP 数据核字 (2023) 第 149223 号

推动另一朵云
——50 个直击灵魂的班主任故事

Tuidong Ling Yi duo Yun
——50 Ge Zhiji Linghun De Banzhuren Gushi

姜晓燕　主编

责任编辑	厉　勇
责任校对	金芳萍
封面设计	马圣燕
责任印制	包建辉
出版发行	浙江工商大学出版社
	（杭州市教工路 198 号　邮政编码 310012）
	（ E-mail: zjgsupress@163.com ）
	（网址:http://www.zjgsupress. com ）
	电话:0571–88904980，88831806（传真）
排　版	蔡海东
印　刷	浙江全能工艺美术印刷有限公司
开　本	787 mm×1092 mm　1/16
印　张	13
字　数	126 千
版 印 次	2023 年 9 月第 1 版　2023 年 9 月第 1 次印刷
书　号	ISBN 978-7-5178-5640-5
定　价	56.00 元

版权所有　侵权必究

如发现印装质量问题，影响阅读，请和营销与发行中心联系调换
联系电话 0571 – 88904970

本书编委会

主编：姜晓燕

编委：（排名不分先后）

姜晓燕　吴怡恒　孙娟慧　王佳慧　康理哲　毛英颖

戴凤丽　罗　怡　朱舒婷　金红梅　蔡冬萍　高丹青

何　鹏　何晓青　胡　静　马佳宁　梅晓丹　裴伊宁

施培娟　宋宁宁　孙依宁　王　欢　杨　芸　任水飞

学生眼中的我们

语文老师卜

戴老师

金老师

小燕子老师 语文 姜老师

605
李恩颖

马老师

前言

故事生活

这是姜晓燕名师工作室学员写的 50 个故事。

工作室成立那天，我们是打着"小学语文"的名号的，但是大家相处下来，他们向我敞开心扉后发现，我们每天花费时间最多的是班主任工作。原来，大家在担任语文教学工作的同时，都担任着班主任。说实话，他们向我求教班主任工作上的问题，比小学语文教学上的问题多多了。于是，我们达成了一个共识：只有把班主任工作做到位了，自己的语文教学水平才会水涨船高。

班主任工作忙、累、苦。每天看各种通知，处理大大小小的事情，是很容易丢失自我的，用我们工作室里一位学员的话说："大约有一个月，我都没有见到我自己了。"每天都很忙，每天不知道在忙啥。但是，反过来想，正是由于我们在班主任工作中付出了太多太多，学生在毕业之后，能忆起的是你给他的一次摸头杀，你请他喝的一杯奶茶，你为他写的一首诗……

担任班主任工作，我们都经历过那种心态低到尘埃里的日子，战战兢兢，如履薄冰。遇到外出学习，担心学生会不会打架；遇上降温，担心学生会不会生病；遇到调皮的学生在课堂上捣乱，担心其他家长会不会有一大堆意见……那份"杞人"的沉重，无人可分担，只能自己左肩换右肩。这个时候，我们往往能从学生身上汲取力量，那一双双清澈、干净、纯真的眼睛，让我们上演了一个个绝地反击的故事。所以，我们用故事的方式记录下一幕幕。我们想进行一种"故事生活"，用故事来育人——育生，育己，育彼此。

对，就是"故事生活"。平时，我们一谈到班主任工作就会率先想到班级管理，很少想到班级生活。而学生就生活在班级里，每天生活在班级故事中。我们探寻着其中的价值。记得有一回，工作室在我们学校搞语文教学研讨活动。听学员的公开课听到一半，我就中途溜了。等我回来时，大家都问我干什么去了，怎么这么气喘吁吁的？我说："刚才，接到副班主任给我发的信息，说下课时，我们班有6名男生用粉笔在墙壁上写不文明的话，被校监督岗的同学抓住了。"大家问我："你是怎么处理的？"我说："我给犯错的学生们讲了我读一年级时用粉笔在墙上画自己喜欢的老师的画像的故事。"他们不可思议地问："就这样？你没有批评他们吗？他们可是让班级的文明礼仪扣分了呀？"我说："是的。讲完我小时候的调皮故事后，学生们都打算用湿抹布把写的不文明的话擦掉。"他们追问我："学生真的会乖乖地去擦墙壁上的粉笔字吗？"我说："我会陪他们一起去。"研讨活动一结束，我就匆匆赶往班级……

日本教育家佐藤学提出："匠人"的成长＝模仿＋修炼。专家型教师的成长＝反思＋研究。

我们要做的是将这两者合而为一。工作室的学员所任教的年级，囊括了小学1—6年级。我们在与学生一起生活中，捕捉那些真实而真诚的故事：故事中有我们的迷茫，也有我们的思索；有我们的委屈，也有我们的淡定；有我们的失败，也有我们的荣耀。我们把自己遇到的故事记录下来，邀请你来读。也许你读着读着，就会感同身受，就会悟出智慧来，就能举一反三。我们在书写中被治愈，期待你在阅读中和我们一起成长。

在一次探讨活动中，我问老师们：有没有想过学生能"选择"的很少，对于他们来说"快乐"更少？大家都点点头。我们做班主任的何尝不也是这样呢？那么，就让我们一起抱团，相长，共乐。

写到这里，想起当老师的第一个星期，回家后我向母亲大吐苦水，她对我说："当老师说难很难，说容易也容易。只要你对小孩子好，小孩子也会对你好，书便可教好。"

姜晓燕

书于2023年初夏

目录

辑一
掌心化雪

Q **棘手问题：**
当发现学生对于新环境适应困难时，你该怎么办？

1 佳佳笑了

朱舒婷

"老师，老师！你知道吗？佳佳她笑了！""笑得可开心了！""这是我第一次看到她笑！"一到集合地点，就有一大群学生把我围起来，七嘴八舌地把他们的发现告诉我。佳佳笑了。这个消息让我感到很不可思议，继而又惊喜万分。要知道在整整两年的时间里，佳佳从没有在老师和同学们面前流露出情绪的波动。

回想学生刚入学的时候，我就发现了这个学生的不同：从不跑跑跳跳，从不嬉笑玩闹，从不主动说话，甚至都不怎么有表情。不管是上课还是下课，她总是安安静静地待在自己的座位上。这些远比她表现出来的学习上的困难，更让我感到纳闷和揪心。于是，我联系了她的爸爸妈妈，这才得知，原来这孩子是她的爸爸妈妈从偏远的山区领养来的，在这里生活的时间还不到两年。在老家，孩子

没有上过学，也没有得到很好的照顾。刚来的时候，她语言不通，也不太能适应这边的环境。虽然她的爸爸妈妈极力想提供给她更好的生活环境和更细致的照顾，但是这孩子仍然十分缺乏安全感。难怪她与同学们相处时总是有点胆怯，也不爱说话。

我有些心疼佳佳，对她也给予了更多的关心：时常请她当我的小助手，带着她一起加入同学们的游戏，和其他同学聊天时也常常特意待在她身边……渐渐地，她愿意开口了，至少当你询问她的意见时，她愿意给出回应，尽管她的声音仍旧是细细的，眼中依然带着怯生生的害羞。她和同学们之间似乎总是隔着一层透明的隔膜。开始也是有同学来找她玩的，可是更多的时候，她都更喜欢独自坐着看大家玩。渐渐地，大家也不会再主动去找她了。

要春游了，这次的春游没有家长陪同，学生们需要自由分组活动。最让我担心的就是佳佳。想到她平时与同学们相处的状态，我猜想她大概要跟着老师一起度过一整天了。没想到在统计各小组成员的时候，月月主动跟我说，佳佳跟他们一起，已经跟佳佳说

好了。平时也没见这几个孩子和佳佳一起玩啊，这是？我正纳闷，月月打开了话匣子："佳佳是和我们不太一样，但她只是有点慢。这次春游我们带着她一起玩，这样她就能快点融入我们了！"她想了想又跟我强调了一遍："我们几个是说好了的。"

春游途中，我看到同学们带着佳佳参加集体活动，和她一起分享午餐，带着她唱歌……真好！看着佳佳脸上的笑容，我又想到了月月对我说的那番话。在这样温暖、友善的氛围中，佳佳一定能融入我们的集体。

我愿做鼓荡着爱与温暖的春风，托举起孩子成长的翅膀。

朱舒婷

点评

故事中的佳佳是一个与别人有些许不同的学生，特殊的生活经历，导致她缺乏自信、不善于交际，很难融入同学们的圈子。面对这样的学生，老师给予了足够的爱和关注，并努力为她建立适合她成长的班级圈子，营造接纳和包容的班级氛围。事实证明，这样的方法对改变佳佳的现状起到了潜移默化的感染作用。相信假以时日，佳佳在这样有爱的集体氛围中，一定会变得自信和阳光起来。

Q 棘手问题：
当遇到学生不适应校园生活，不想来上学时，你该怎么办？

2 不适应的小幼苗

王佳慧

"王老师，有人哭了。"真是可怕的周一的早晨。一年级的学生刚刚进入校园两周，第一周以适应为主、我们没有上课，以项目化学习为主，认识校园，认识同学、老师，了解校规，制定班规……第二周我们开始正式上课，内容都比较简单易懂，多数学生渐渐适应了小学的作息时间，也在新环境里交到了朋友，大家相处愉快。班里唯独小陈，每天来上学都要号啕大哭，不在教室里哭上半小时绝不罢休。可是，小陈上周五明明答应我不再哭了，要做小伙伴的好榜样啊。

我步履匆匆，赶紧走进教室，刚想开口喊小陈，却发现班里并没有小陈号啕的声音。我疑惑地叫住来喊我的孩子，问道："是谁哭了呀？"他小手一指，我看到了一个低垂的、抽泣的小脑袋。走过去一看，发现宇轩正委屈地一抽一抽地无声地哭泣着，此时我的内心是崩溃的：天哪，一个终于不哭了，怎么另一个又开始哭了呢？

我拍拍宇轩的背："怎么了，宇轩今天不开心吗？""我……我想爸爸了，我想回家。""那我们给爸爸打个电话，问问他有没有空来看你好吗？""嗯，好的。"简简单单两句话，听到爸爸可能会来看他，宇轩努力地停止了哭泣，期待地看着我。我也不食言，马上拿出手机给宇轩爸爸打了电话。一番交谈后，他爸爸答应今天一定是班里最早来接孩子的家长，宇轩终于做出了让步，答应今天在学校好好上课。

事后，我积极了解了孩子的过往，才得知：宇轩去年才来到杭州，之前都在老家跟着爷爷奶奶生活。老家教育环境不好，宇轩也没有上过幼儿园，到了杭州之后才上了幼儿园大班，而这一年的大班生活中，孩子因为不适应，有一大半的时间是在家里度过的。他妈妈很忙，总是加班到深夜，孩子到杭州后多数时间跟爸爸在一起。这样的生活经历，难怪宇轩不适应小学生活。我赶紧跟宇轩的爸爸妈妈约了时间，就孩子不想来上学的问题与他们进行面对面沟通。孩子的爸爸妈妈都是外来务工人员，经过多年的努力终于在杭落户，把两个孩子从老家接来杭州。对于宇轩不想上学的问题，他们表示也非常头疼：第一周因为活动很多，所以宇轩并不排斥来学校；第二周开始正式上课了，孩子虽然在学校里并没有表现出不愿意，但是每天早上来上学对于他来说都是一个挑战，甚至要磨上一个小时才愿意走进学校。为此，我跟宇轩的爸爸妈妈商议了几个对策：（1）在校降低对宇轩的要求，多鼓励；（2）找一些热心的小朋友主动跟宇轩交朋友，带动他的积极性；（3）让他在家接触一些幼小衔接课程，帮助他适应课堂；（4）若宇轩早上不愿意进校，可以联系老师，也可以让班里宇轩的朋友带他进校。

就这样，我们按照商议好的对策一步步帮助宇轩，眼见着孩子一天比一天适应：原本几乎一整天都坐在座位上"不动如山"的宇轩，一个月后已经在教室外的小广场上跟伙伴们快乐地玩耍了；原本说话声音小得听不到的宇轩，一个学期下来也会掷地有声地表达自己的见解了；原本课堂上只能干巴巴眨眼睛的宇轩，现在已经是会带着求知的目光举手回答问题的积极分子了。

父母的付出，老师的关怀，滋润着这棵"不适应的小幼苗"，看！他现在成长得多好呀！

孩子是慢慢成长的，做一位陪着蜗牛散步的老师。

王佳慧

点评

　　对刚入学的一年级学生来说，适应小学生活是一个很大的挑战。王老师"放慢脚步"，给孩子们一周活动时间，渐渐去适应，满足他们情感上的需求。对于不愿上学的宇轩同学，王老师关注他的情绪，了解其背后的原因，家校合作制定个性化的策略，帮助孩子一步一步适应校园生活。对于新的陌生环境，王老师通过"伙伴的力量"来治愈一个孩子的心，让伙伴带着宇轩一起去适应新的环境，一起玩耍。宇轩变成一个勇敢发言、积极求知的学生，这一切改变的根源是孩子心中拥有了力量。老师的关爱、父母的陪伴、伙伴的友爱，心中的这些美好成为他走进校园的力量。

Q <u>棘手问题：</u>
<u>当要和一年级的学生一起制定班规时，你该怎么办？</u>

3 "红绿灯"小班规

姜晓燕

　　班规，一提起这两个字，大家都熟悉得不能再熟悉了。而下面这句话，相信大家耳熟能详："为了更好地规范班级成员的行为，形成一个健康向上、团结互助的集体，特制定如下班规……"仔细读读这句话，就会发现一个问题，我们的班规一般来说，都是从学校、教师的角度来要求学生，从上而下制定的，带有单方面的"命令"性质。

　　对于这样的班规，假如对象是一年级的学生，他们又做何反应呢？他们会眨巴着小眼睛，觉得无法理解，更无法接受。这就给老师调控一年级学生的课堂纪律造成了障碍。为了使这些课堂常规的要求变得亲民，我决定用故事来引导一年级学生。阅读的故事是绘本《大卫，不可以》，目的是让"大卫"做学生们的形象代言人，让学生从故事中了解作为一名学生本该要遵守的纪律。

《大卫，不可以》这本书与学生见面的时候，遭遇了一场风波——学生纷纷嚷着："这本书，我们读过了。"他们对读过的书，总是表现出"轻视"的态度，殊不知有些好书，是值得一读再读的。

教室里的嚷嚷持续了大约一分钟，学生不愿意停下来。他们对已经读过的书，一点兴趣也没有。他们发泄着心里的情绪，课堂纪律失控了。

在一片吵嚷中，我让学生发泄，等发泄完了，对他们说："现在请大家静下来了，我知道《大卫，不可以》这本书，你们在幼儿园里就读过了，那时是幼儿园的老师给你们读的。现在我们上一年级了，今天我们自己来读这本书。"我把"自己"两个字，说得很响亮。学生听到这两个响亮的字，安静了下来，教室恢复了应有的平静。他们虽然在幼儿园读过这本书，但是现在让他们自己来读这本书，里面的字他们不能保证全都会认，里面的故事情节，他们不能保证全都记住。所以这个他们需要"跳一跳，才能吃到桃子"的任务，给了他们一个挑战。

说实话，《大卫，不可以》这本书，字没有多少，总共加起来，才九十五个字，且大部分字还都是重复的。对学生来说，认字的挑战性不大，关键是理解图意——把"不可以"中要表达的意思，通过自己的语言表达出来，了解生活中处处有规矩的道理。

从扉页开始，由我领读："大卫的妈妈总是说……大卫，不可以！"

我问："大家看着扉页，谁来说说看，大卫不可以干什么？"

有学生说："大卫不可以在墙上乱涂乱画。"

我说："'乱涂乱画'这个词语，说得很准确。接下来，我们用开火车的方式，来把自己阅读到的'大卫不可以干什么'讲给大家听。"

学生在我的放手引导下自信地表达。我在班级电脑中及时地把学生的回答整理出来：

图1：大卫，不可以爬到椅子上去拿柜子里的糖罐，万一摔下来，太危险了。

图2：天哪！大卫，不可以带着满身的泥土走进屋子。

图3：不行！不可以在浴缸里玩海盗的游戏。

图4：大卫，快回来！不可以不穿衣服上街。

图5：大卫，不要吵！把平底锅和锅铲放下。

图6：不可以玩食物！把食物弄脏了，就不能吃了。

图7：大卫，不要吃了！会撑坏肚子的。

图8：回房间去！时间这么晚了，不可以再看电视了。

图9：躺下来！不可以在床上大喊大叫，会吵到邻居的。

图10：不可以挖鼻孔！会把鼻子挖断的。（备注：这是学生的真实想象力表达。）

图11：把玩具收好！不可以丢得到处都是。

图12：大卫，不可以在屋子里玩！棒球会把家具砸坏的。

在对 12 幅图的自我阅读中，学生们了解了"不可以"背后的原因。这些能力的训练，都是他们在自由的阅读、探究中发现的，是属于他们自己的。这样的体验是深刻的。

读完《大卫，不可以》，我设计的活动是："红绿灯"小班规。具体操作是让学生自己来制定课堂上要遵守的班规，我们把这些班规分为"红灯"与"绿灯"。

"红灯"班规是在"不可以"引领下的一些不能做的事情；"绿灯"班规是从正面引导的角度，制定的一些可以做的事情。从正反两个方面，学生自主制定、自主选择。在他们交流时，我像先前一样及时地用电脑记录下来，以便文字当堂成为"可视"班规。下课后，我把"红绿灯"班规打印出来，发给每个学生，做到人人知晓、人人遵守。

在交流、展示的互动学习中，他们对课堂常规中"应该做的"和"尽量避免的"事有了自己的认识，慢慢学会对自我不良习惯进行约束。晓之以理，才能导之以行。

另外，还可以进一步地辐射阅读《大卫，惹麻烦》《大卫，上学去》，让学生们全方位、立体化地了解在家中、学校里、社会上应该遵守的规矩，成为一个守纪律的好孩子。

附1：学生制定的"红绿灯"班规。

"红绿灯"班规	
"红灯"班规	"绿灯"班规
○我不可以上课发出怪叫声。 ○我不可以在课桌上乱涂乱画。 ○我不可以在上课时睡觉。 ○我不可以在上课时随便在教室里走动。 ○我不可以损坏班级里的课外书。 ○我不可以和同伴打架。 ○我不可以带宠物来上学。 ○我不可以偷看同伴的作业。 ○我不可以在课堂上吃手指。	●我可以带有趣的书来班级。 ●我可以照顾比我弱小的同伴。 ●我可以把字写得更漂亮。 ●我可以自己给自己加油。 ●我可以自己整理书包。 ●我可以请求别人的帮助。 ●我可以在摔倒时自己爬起来。 ●我可以在心里种下一个愿望。 ●我可以把饭盆洗干净。 ●我可以把吃不完的水果送给同伴吃。

附2：我把学生的表述，及时用电脑记录和打印出来。

尊重孩子的力量。

姜晓燕

点评

  尊重，是一切人际交往的基础。师生之间，尽管是教育者和被教育者的关系，但其实更需要平等和尊重。故事中的老师原本可以自己制定班规，颁布施行，一年级的孩子一定不敢不听，可是她没有这么做，而是和学生一起制定，把尊重和选择的权利给学生。他们亲手制定的班规，相信也能更好地遵守，因为这是他们内心真正认可和服膺的。我们的教育可以是"儒家"，可以是"法家"，但请坚信就教育的有效性、长期性而言，内心服膺一定远远好过外在强制。尊重孩子的力量吧，给予他们更多自由选择的权利，如此，我们定会有更大的惊喜！

Q 棘手问题：
当遇到情况比较特殊的学生时，你该怎么办？

4 不辜负每个期待的眼神

马佳宁

在新生报到的那天，我关注到了一个看起来有些特别的学生，问他什么，他都答不出来，眼神也有一些呆滞。我心想：不妙，该不会是生理上有什么问题吧？但是，那时我并不确定。

在结束报到后，我和该名学生的妈妈取得了联系，了解到 G 同学的情况确实有些特殊，心理年龄与智力的发展比生理年龄要小两岁，即使现在已经读完一年级上半学期了，但是拿笔仍然吃力，相当于幼儿园大班的水平。

我曾多次到他家进行家访。家访时，我了解到了他更多的情况：G 同学四岁才学会说话，走路也要迟很多。那时候，我完全理解了他的种种表现，并一一接纳。

每每想起开学时，他无助又无辜的眼神，我的心总是一颤。

　　和他的妈妈电话联系，回想起我们之前的家校沟通其实并没有达成共识，他妈妈的这段比喻很精彩："您关注的是他飞得高不高，我们关注的是他的翅膀有没有飞翔的力量。"我回复道："力量都是在飞翔中习得的，原地踏步不会积攒力量。"沟通再三，他妈妈基本同意配合我辅导，让G同学在学校留一两个小时。辅导他的过程中，不仅他在成长，我也开始慢慢懂得如何做一名好老师。

　　那天辅导，原本打算把练习纸第一面完成，但是我们只是艰难地完成了第一道题目——看拼音写词语。

　　他在完成这道题的时候，我发现他连拼音都拼不出，谈何写词语？既然如此，我们就从头开始吧！我在他的抽屉里找到了一本拼音簿，里面正好有他曾经写过的拼音字母表。于是，我们把拼音字母表又重新复习了一遍，过程同样很艰难，常常出现刚读完，再问他他就不记得的情况。

　　反复了几次后，他也逐渐地记住了。他的前鼻音"in"读得十分吃力，稍微放松点就会读成"ing"。我一直鼓励他，并且还用词语帮助他纠音"音乐音乐 in in in"，这个口诀确实有效，他进步了很多。

　　读完拼音后，我们再回到题目时，只要加上声调，整个音节就可以读下来了。他每读下来一个，我就为他鼓掌，他也会开心地微微一笑。音节拼出后，生字他可以慢慢写出来，我还是很开心的。同时我也教给他在书中查字的方法，他已经慢慢

地学会运用了。

那天辅导后，我问他，开不开心，他说，开心！我问他，为什么，他说："因为有点会学习了。""可以做对很多道题，就可以打100分了。"他的回答并不完整，总是像这样只言片语，我却能够体会到他的完整意思。

简单的一小段辅导时光，却拉近了平日里师生难得拉近的距离，让我懂得当一名好老师，除渊博的知识外，还要有一颗与学生贴近的心。

他收获了喜悦，我收获了真谛。

用知识点亮智慧，用品行助力成长，让每个孩子发出自己的光亮！

马佳宁

点评

在班主任工作中，对于特殊学生的教育占了很大的比重。这些学生，尤其需要老师付出比其他学生更多的心血和时间。故事中的马老师无怨无悔，把学生的每一点进步，都看得弥足珍贵。学生遇到这样的老师是幸运的，也是幸福的。马老师有一点说得好，这样的付出成就了彼此。班主任的能力，总是在这些学生身上得到最好的培养和最快的提升。

Q 棘手问题:
当遇到心智发育迟缓的学生时,你该怎么办?

5 长大的他

胡 静

　　一转眼,我即将是一名教龄满五年的老师了,回想起刚成为老师的那段日子,所有的事情仿佛都在眼前。我在工作的第一年,就遇到了一个令我至今都印象十分深刻的学生——小宇。

　　他长得眉清目秀,白皙的皮肤,大大的眼睛,挺可爱。开学第一天他就积极坐在教室中间的第一排,很快就吸引了我的目光。他没说话的时候,其实跟别的孩子并无区别,而让我真正注意到他的是这件事:杭州这边,小学生第一天上学,爷爷奶奶总会送糖果和步步高糕点等来学校分享,期盼自己的儿孙能够学习日进,成龙成凤。小宇这个孩子,从家长们把糕点拿进教室的那一刻起,眼睛就像发光了一样一直盯着糖眨也不眨。接着,在我发新书、讲纪律的过程中,他平均间隔不到五分钟就问我一次"什么时候发糖果",

我每次都安抚他："放学就会发给你，你要好好听老师的话。"但我说的话对他一点都不奏效，他的心里只想着糖，而且嘴里一直念念有词。终于熬到了下课，他再也按捺不住了，冲上来问我："老师，是不是要发糖了？"我让他回去等着，他显然已经坐不住了。我也不为难他，让他拿书包过来装，可他却说没有书包。我很奇怪，明明已经通知过今天要发新书，怎么不带书包呢？后来，我联系了他的家长，并让其送书包过来。他妈妈送来时解释说孩子忘了，而且孩子专注力不够好，总丢三落四。我想，一年级的学生丢三落四也是正常的事情，所以并未在意他妈妈的话。

接下来的教学过程中，我逐渐发现小宇不仅像他妈妈说的那样专注力不好，而且更多地表现出低于同龄人的心智和能力。老师在上课的时候，他经常在下面大声说话，老师走到他身边去提醒他不能这样，他听不懂，继续做他想做的事情；由于理解能力有些欠缺，他也不能正常地跟其他人沟通；有时候他想去上厕所，可是来不及了，就尿在了身上。

后来，我去家访，跟小宇妈妈反映了孩子存在的问题。小宇妈妈也向我倾诉，他在家也是这样，不会和人沟通，不像一个七岁的孩子。我和他妈妈一起讨论怎样帮助他成长。比如：在和小宇说话时，他经常看东看西，有时候还跑开。我和他妈妈商量：说话时一定要让他看着我们的眼睛，说一句并解释给他听，等他听懂之后让他回复，确保我们的沟通有效，也慢慢训练他的专注力。针对他生活能力比较弱的情况，我时常在吃饭和下课的时候提醒他要注意卫生、要记得喝水后上厕所。慢慢地，他的生活自理能力好了一些。

我觉得学生的同辈群体在沟通和帮助上起的作用比老师的更大，所以我又在班级中为他安排热心开朗的学生做同桌，在学习、生活中帮助他、带领他。经过一年的努力，他已经能赶上其他学生的步伐。从他的目光中，我感觉到他真的长大了。

诚挚的心灵，是孩子情感的钥匙，高尚的师德，是孩子心灵的明镜。

胡静

点评

身心发育迟缓的学生虽然接受新知识的速度较慢，但他们也怀揣着一颗热爱学习的心，渴望得到老师的耐心帮助。故事中的胡老师主动靠近学生，发现学生学习上的症结所在，手把手地帮助他克服学习上的不足之处，并不断鼓励他。每一次真诚的掌声响起，都是对学生莫大的鼓舞。当学生在学习中体会到成就感之后，便越发地爱上学习，愿意接受更大的挑战，实现突破。每一名学生都值得被老师用心对待，老师的每一次表扬都将化为他们成长路上抵御风雨的勇气。

Q 棘手问题：
当遇到学生总是被同伴捉弄时，你该怎么办？

6 勇敢的辰辰

宋宁宁

刚入学时，辰辰非常内向，每天都安安静静地坐在自己的座位上，从不玩耍。不知什么时候起，活泼的佳佳出现在了辰辰身边，常常拉着辰辰玩游戏。正当我暗自欣慰时，学生们跑来说辰辰被佳佳打哭了。

我跟着学生们走回教室，只见辰辰在座位上哇哇大哭，佳佳站在一旁大声解释："我只是轻轻拍了拍你呀。"我上前抚慰辰辰的情绪，转头问佳佳是怎么回事。佳佳表示无奈："我刚刚只是拍了拍他的头，我在家也是这么拍我弟弟的。"了解了事情原委后，我教育佳佳要和同学友好相处，并让他向辰辰道歉，获得辰辰的原谅。

两三天后，佳佳又毫无缘由地拍打了辰辰的头部。询问情况时，佳佳一脸无辜地说："这是男孩子间正常的交往方式。我很喜欢我弟弟，我经常拍他脑袋。""可是辰辰不喜欢你这样的行为，你要尊重辰辰。头部是我们身体中最脆弱的器官，一不小心是会受伤的。你想表达对辰辰的喜爱，可以轻轻拍他的肩膀呀。"我反复教育佳佳，还联系了家长，佳佳当着双方家长的面保证不会再动手了。

可是，没过几天，佳佳在食堂值日时，往辰辰脸上丢抹布，辰辰彻底崩溃了，号啕大哭，大喊着想要找妈妈。佳佳这几次三番的捉弄，让我不免生出挫败感。但我迅速调整了情绪，把辰辰带回了办公室，紧紧地抱着他，轻轻拍背安慰他。辰辰静下来后，我跟他说："我知道你现在特别委屈，特别无助，很想要妈妈的怀抱。但你想不想成为一个勇敢的孩子，试着自己解决问题，大胆地对佳佳的做法说'不'呢？老师会帮助你的。""想！"辰辰黯淡的眼睛里亮起光芒。"可是我不知道怎么说。"辰辰又低下了头。"你可以这样说：佳佳，你随便打我的头是非常不礼貌的行为，你这样做是不对的，请你向我道歉！以后不要这样对我，也不要这样对待别的同学，因为我们不喜欢这样的行为！"起初，辰辰说不清楚，我便来扮演佳佳，辰辰看着我的眼睛练习，一遍又一遍，终于能够大声讲出来了。随即，我把两个孩子带到了教室讲台前，鼓励辰辰当着全班同学的面对佳佳不礼貌的行为说"不"。辰辰做到了，开心地哭了。另一边的佳佳也流下了羞愧的泪水，主动向辰辰道歉。光靠老师来保护一名学

生，难免有疏漏的地方，我需要寻求集体的力量。于是，我对全班学生说："辰辰特别勇敢，通过自己的努力解决了问题，他知道遇到困难了，老师和同学们都会保护他。佳佳也很勇敢，敢于承认错误，老师相信佳佳一定能改正，我会一直帮助他，在座的你们也愿意帮助佳佳，对吗？"教育，大概也是一个互相治愈的过程吧。在学生们整齐响亮的应答声中，我汲取了满满的能量。

我们是幸运的，辰辰在班里交到了越来越多的朋友，日渐开朗。佳佳也在大家的帮助下改掉了不礼貌的习惯，拥有了同理心。

点燃爱、激发爱、播撒爱、守护爱，与孩子心心相印。

宋宁宁

点评

学会表达和拒绝，是学生作为社会人必须掌握的技能之一。宋老师在佳佳无法理解自己的错误时循循善诱，说出辰辰的感受，这是理性的教育；在辰辰无助伤心时，宋老师能够轻声细语安慰并且送上拥抱，还帮助辰辰通过"角色扮演"的方式勇敢表达，敢于说出"不"，这是感性的教育。可爱的学生，就在老师爱的教育中，开出了美丽的花朵。

Q 棘手问题：
当遇到学生在班上嘲笑他人时，你该怎么办？

7 心冰融化

金红梅

"老师，蕊蕊哭了，好像是被小淑和小锦弄哭的。"教室里有同学传来最新班况。

照例，我请几个当事人都上讲台来，让大家各自把事情陈述一下。小锦率先开口："老师，小淑叫我看蕊蕊夹的发夹，我看了一下确实挺有趣，像个小丑一样，忍不住就笑了一下。"小锦似乎在陈述事实的同时尽可能为自己开脱。"老师，不仅他笑我，他们一组的人都在笑我。"蕊蕊伤心地说，一点也不满意小锦的描述。平时她可是出了名的女汉子，骂起人来可凶了，可这会儿说话像林黛玉似的，轻柔里带着哭腔，可能是六年级的女孩子长大了，在乎自己的外表和同学们的看法了，被这么多人嘲笑着实让她难过。这时再转头看看事情的源头——小淑同学。只见她一脸无辜地说："老师，她的发夹确实没有夹好，露出了一块头皮，特别好笑，我只是跟旁边的同学说了一下而已。"小淑显然也想减轻自己的责任。这样的情况是学生发生矛盾后常有的现象，受伤的放大自己的痛点，闯祸的避重就轻，淡化过错。

我没有直接下定论和责罚，六年级的学生有自己的想法。我看了看小淑："你知道自己今天的行为有什么不妥吗？"她说："我不应该告诉别的同学，去笑她。""那你看到她的发夹夹得不对时，你应该怎么做比较好？"我趁机追问。"我应该提醒她。"小淑似乎已经意识到自己的错误了。"是啊，如果你提醒她，她会感谢你。想想你曾是她的同桌，并经常帮助她，是一个非常友善的好同学。"我试图点燃她原本乐于助人的火苗。"老师，我向她道歉吧。"小淑说。"老师，我也向她道歉。"小锦紧跟其后。

原本事情到这里已经差不多了，一方道歉，另一方原谅，可以完美收场了。可是事不如所料，蕊蕊眼含泪水，坚定地说道："我不接受道歉，他们都笑我，我太难过了。"她这一说，打破了我的预想。想想也是，这么多人笑她，她心里的委屈不是一个道歉就能化解的，不接受道歉也可以理解。我问小淑还有什么办法吗？她沉默不语，似乎也想不出什么好办法来化解蕊蕊心中的难过。"要不你俩给她写一封道歉信吧，正式一点。"我看向小淑和小锦。令我欣慰的是他俩果断答应了。于是，两人开始了自我剖析和书面的道歉。当小锦拿着道歉信诚恳地交给蕊蕊后，蕊蕊内心的坚冰终于开始融化了，她原谅了小锦。过了一会儿，小淑的道歉信也写好了。我打开来，一行行用心书写的文字映入眼帘：

蕊蕊，今天的事情我做得有点过分。对不起，我不应该嘲笑你，评价你的穿着和发型，十分抱歉。下次我不会再犯这样的错误了。我希望你可以原谅我，以后我们还做好朋友。我知道，这样的滋味不太好受，但希望你不要往心里去，别放在心上。今天，我对我所做的事情表示愧疚。我不是故意嘲笑你的，当时你哭了，我才知道我做得太过分了，开玩笑也要有一个度，要适当。我心里也十分难受，是啊，我怎么可以把我一个那么好的朋友说哭呢，对不起呀，真的很抱歉，让你失望了。

小淑

3 月 30 日

　　我认真地看了，感觉很温暖，让小淑交给蕊蕊。不出所料，蕊蕊看完后，走过来跟我说："老师，我原谅他们了。"坚冰完全融化了。

　　事情解决了，我被这三名学生的行为打动了。同时，这件事情也给了我启发：面对学生间的矛盾，班主任有时候不需要以师者自居，下定论，给惩戒，而是要循循善诱，引导他们自己去反思自己的过错，寻求解决问题的办法，用孩子之间暖心的话语和行为去融化受伤害的孩子内心的坚冰，可能会收到更好的效果。

> 不以师者自居，尽可能不定论，不发号，引导孩子们自己去寻求解决问题的方法，做生活的主人。
>
> ——金红梅

点评

　　有矛盾必会有受伤，一句道歉不足以融化心冰，金老师有妙招——写信。我们不得不承认，文字的力量确实太大了，它如一道金色的阳光，温暖受伤的心房；它如一场淋漓的大雨，浇灭肆意的火焰。当一字一句在安静中流向心灵深处，坚冰就在那一刹那慢慢融化。这一字一句，是道歉，也是安慰；是矛盾的化解，更是情谊的加固。正如金老师所说，当矛盾发生，班主任要循循善诱，引导学生深刻反思，真诚的话语和行动是受伤的心灵需要的良药。

Q 棘手问题：
当你遇到低年级的男生总是喜欢动手打人，该怎么办？

8 改变"四部曲"

蔡冬萍

一直很庆幸班里的女生乖巧又懂事，能力也不错，是我得力的小助手。男生就不同了，调皮捣蛋又脆弱，学习不自觉，闹事第一名。小宇算是一个风云人物。

这事要追溯到一年级时，他一天一小架，两天一大架，辱骂、打斗、破坏，轮番上阵，一天之内我收到有关他闹事的"小报告"不下十个。我在厌烦的情况下，让自己冷静下来，慢慢发现，他的一些行为上的恶习都来自——模仿。于是我选择从他的家庭入手，将他在学校的表现反馈给他的监护人。在我持续性的"事件曝光"之后，他家里人的态度由不以为然开始转变，也慢慢意识到自家孩子问题的严重性，开始寻求办法。此时，我与小宇的爸妈之间已搭建起了一座桥梁。之后，小宇在桥上不再横冲直撞，开始放慢脚步走了。其实，小宇本身很缺乏安全感，他外表看着敦实，内心其实很胆小，他以暴力的方式来保护自己，并渴望得到其他人的重视和肯定。

但在之后的时间里，他也并未"改过从良"。在我对他不吝啬夸奖之后，他开始喜欢撒谎与"作秀"：在大人面前，是"乖乖虎"；在大人背后，依旧是"恶霸"，所以"小报告"也还在持续着。看来他对我的第一步举措已经产生"抗体"了。

于是，我开始转战"地下"。每每在他以为我离开的时候，我就躲在远处关注他的一举一动，而在他开始"作妖"的第一时间，我就上前"当场抓获"他。原则性问题上，惩罚是免不了的，但我也会对他"特别对待"。并不是所有的错误都要以惩罚善后，很多次在他以为我要重罚他的时候，我选择心平气和地告诉他："你让

我失望了，我以为你能做到……"久而久之，小宇在犯错后的第一句话就是"你不要不相信我"。他很不希望老师和妈妈对他失望，他希望不要所有恶性事件发生的时候，同学们第一个就想到他。显然，这时候他在"桥"上停下了。

慢慢地，我开始努力转变同学们对他的看法：课上叫他回答问题，给予走心的鼓励，用最直接的语言夸奖他："小宇长大啦！再也不是以前那个小宇啦！真棒！"课下也经常叫小宇帮忙，每一次都会感谢他帮了我不少忙。而令人感动的是，学生很快感受到了我对小宇的"良苦用心"，班里不少懂事的女生，也模仿着我开始夸奖小宇，小宇慢慢有了一起玩耍的好朋友；也有同学在一些恶性事件发生之后，站出来替小宇说话。二年级的小宇，已经是不需要我在后面实时跟进的孩子了。

但问题从来不会停止，这时候的小宇早已养成了不少学习上的坏习惯。于是，我又开始了下一步计划。两年多的相处，他眉眼之间的小心思都在我的掌控之中，所以对于他好胜心的激发，也是轻而易举了。小宇其实是个聪明的学生，学习能力很强，阅读能力也不错，所以我总是在他可以展现"拿手绝活"的时候，接收到他期待的目光，然后让他一展风采。但在他沾沾自喜坐下的时候，我又会给他一盆"冷水"，让他冷静冷静，明确告诉他——你很棒，但你不够棒。我让小宇当小老师，教后进生，一方面把他容易闹腾的时间消磨掉一些，另一方面满足他的"小小虚荣心"。同时，作为"朋友"，我也"刺激"他："赶紧的，班长等着你超过她呢！"于是三年级某次练习，他取得了不错的成绩，炫耀了好几天。

现在的小宇，已经是我可以放心把班级任务交给他的得力小助手了。虽然他整理不好文具，东西总是脏兮兮的，但回想过去三年的点滴，小宇绝对是我记忆里浓墨重彩的一笔。

改变，从来都不是立竿见影的。

蔡名萍

点评

班主任最需要具备的素养之一，便是耐心。要改变一个有坏习惯的学生，耐心显得尤为重要。蔡老师用最温柔坚定的力量，一直在关注着小宇的变化，而小宇也在这样的关注中逐渐改变。小宇是幸运的，因为他遇到了一位老师，愿意在他成长的道路上蹲下身子来告诉他："孩子，你可以慢慢来，但是不能不进步，不改变，老师会陪着你，等着你。"

面对学生，我们往往要运用智慧、家校合作的力量、奖惩并行的办法去改变他。可是，我们也要记得，在被教学任务、班级中的鸡飞狗跳折磨得没了耐心时，和自己说一句："没关系，慢慢来，改变，从来都不是立竿见影的。"

9 点一盏心灯

何晓青

"何老师，不好了！小嘉和小航打起来了！"班长火急火燎地冲进办公室，气喘吁吁地说道。我立刻放下手中的笔，急匆匆地赶到教室。后门口围了不少学生，小嘉和小航互相对立站着，怒目圆睁，那架势，真像是要把对方给吃了似的。中间几名力气较大的男生将两人隔开，看来场面已经稳定下来了。我看向小航，他低着头，后退了一步；再看小嘉，依旧浑身紧绷着，双手紧握成拳，眼睛死死地盯着小航。看这情形，我大概也能猜出个一二来。在第一时间确认过两人并未受伤后，我把他们叫到了办公室。

"老师给你们时间，不管谁对谁错，两个人都先各自冷静下来，然后我们再来谈这件事情。"说罢，我便转身批起了作业，暗暗观察着两个人的变化。几分钟后，两人一前一后地走到我边上。"老师，我冷静下来了。"小航率先开口。"你呢？"我看向小嘉。她没说话，微微点了点头。

原来，两人之间的矛盾始于昨天。昨晚放学回家的路上，小航因好奇小嘉手中的礼物，未经允许就直接把礼物从小嘉手中夺了去。虽然礼物最终物归原主，但小嘉也因此耿耿于怀。今天，小航又因言语激怒了小嘉，使得小嘉情绪大爆发，继而两人大打出手。了解了事情的始末后，我先让两人各自反思一下在这件事中有没有处理得不当的地方。"昨天我不应该未经小嘉允许就直接夺走她的东西，今天我也不应该在言语上惹怒她。小嘉，对不起。"小航向小嘉诚恳地鞠了一躬，并保证以后再也不会发生类似之事。正当我以为这件事情能很快平息的时候，却迟迟不见小嘉的回应。此刻的小嘉低着头，抿着嘴，眼泪啪嗒啪嗒地掉。看样子，小嘉的内心还未释怀。于是，我让小航先回了教室，准备和小嘉单独聊一聊。

"小嘉，你是不是感到特别委屈？"我话音刚落，小嘉便由一开始的抽泣转为放声大哭。我把她拥入怀里，轻轻拍打着她的背，让她的情绪得到释放。"老师，放学回家会经过一座桥，昨天我真

想把小航推到河里。"平静下来后，小嘉开口对我说道。而我，也着实被她的这一番话吓到了：小小年纪，怎么会有如此偏激的想法？在后来的交谈中，我了解

到小嘉来自单亲家庭，平时都是和爷爷奶奶一起生活。在她眼里，爷爷奶奶平时都更偏向小妹妹，而对于爸爸，她更多的是怕，平时也很少和爸爸交流。看来，小姑娘内心还是非常缺乏安全感的，要打开她的心扉才行。小嘉在班里有一个非常要好的朋友——小驭，她是一个比较成熟懂事的女生。于是，我找来了小驭，和她一起对小嘉晓之以理、动之以情。在我们的疏导下，小嘉终于对小航的事释怀了，愿意和小航握手言和，也意识到了自己不该有如此偏激的想法。

这件事情告一段落了，但我知道今后必须加强对小嘉的关注。事后，我给小嘉的爸爸打去了电话，她的爸爸也表示今后一定会抽时间多关注女儿，多陪陪她。

第二天一早，我来到办公室，发现桌子上放着一封信，信的开头这样写道："何老师，跟你分享下最近发生的两件事……"看来，小姑娘已然把我当成知心姐姐了。我拿起笔，立马写了一封回信。

就这样，小嘉时常以书信的方式跟我分享她的喜怒哀乐，我也会及时回信，这似乎成了我们之间的一个小秘密。从那天起，我再也没听到过小嘉和谁大打出手的事，她也变得越来越开朗，一切都在往好的方向发展……

像小嘉这样的学生，他们心思细腻，内心敏感脆弱，极度缺乏安全感，需要我们走进他们的内心，点一盏温暖的灯，照亮他们前方的路，用真诚去帮助他们更积极乐观地面对生活。

教育是用爱浇灌的事业，点一盏温暖的心灯，照亮孩子们的内心世界。

何晓青

点评

何老师在第一时间关注到学生的情绪，给时间让他们冷静下来。是呀，当学生情绪正激动的时候，他们在反思问题时可能不会那么客观，何老师处理问题的策略得当。此外，她对学生的爱心和耐心深深地打动了我们，尤其是她把情绪过激的小嘉拥入怀里，轻轻拍打着她的背，让她的情绪得到释放。这个细节，更使来自单亲家庭从小缺乏安全感的小嘉对何老师打开了心扉。这种被关怀、被爱的感觉，让孩子的内心世界变得更加温暖柔和。

Q 棘手问题：
当遇到爱动手打人的学生时, 你该怎么办?

10 从动手到"动手"的距离

任水飞

　　我们班的 A 同学人高马大，极具运动细胞的他，走起路来横冲直撞，稍有不顺心就会对班里的同学"拳脚相向"。

　　"老师，A 同学他打我的肚子！""他用沙包砸伤了一个女生的膝盖。""啊，A 同学拿剪刀威胁同学！"一天下来，我的耳朵都充斥着同学们的怨言。路过 A 同学的身边，不经意挨到他的肩膀，他立马以全身的力气撞击；飘到耳边的欢笑声，落入 A 同学的耳朵却成了嘲笑，他随即挥出一个拳头，重重落在同学的后背上；更令人诧异的是，教室里自由生长的绿萝都要被 A 同学摧残得枝折叶落……

　　这名爱动手的 A 同学令我有些头疼，我时常观察他。在进行欢快的室内操时，班里的同桌纷纷牵手，开始共舞，翩跹的身姿如同彩蝶般自在。可平时吵闹的 A 同学却"定"在座位上，静静地整理抽屉，静默的样子让人有点不适。我尝试着从他的眼睛里找到原因，才发现他每次都会在这个时间点整理。嘿！这时候我找到了他身上的闪光点，放眼望去，他的抽屉整洁度竟然数一数二！我悄悄地走到他身边，递给他一张字条，他瞪大眼睛望着我，脸颊难得有些羞涩，仿佛对我突如其来的柔情有些许诧异。"你动手整理抽屉，真棒呀！"短短一行字，后面附着一个笑脸。没想到不够精美的字条却是敲开他心房的关键。

课间餐的搬运没有规定到个人，A 同学总是吵着要争第一个去食堂。铃声一响，他就像支离弦的箭，怎么也拉不住。于是，这次我选择跟在他后面，看到他结实的臂膀搬起了一箱牛奶，肘弯处还悬挂着一大袋面包，塑料绳勒进了他的皮肉。我立马帮他抬。A 同学下意识的反应是推搡，"干吗！"的话音还未消散……。嘿！还挺重的，抬头看到他的汗水，本来担心他要趁机捣蛋的念头瞬间烟消云散。和他并肩，我看着他不解的眼神，笑着说："好孩子，还以为你跑出去玩耍了呢！沉甸甸的箱子你都能拿得动，真棒！"他突然转头看着我，黑黝黝的脸蛋泛着红晕，而眼中却闪着奇异的光，这是平时在课堂中从未见过的光彩，有些稚气的眼神流露出从未有过的喜悦，晶莹的泪珠折射出任何人都懂的希望……

我好像忽然明白该为 A 同学做点儿什么了。于是，我在全班面前举起了他的双手，告诉大家，双手上的尘土是 A 同学搬运牛奶时沾上的，胳膊上的红印是被塑料袋勒出的。我当众表扬他爱劳动、爱整理的优点时，班级里有一声微弱的表扬，很轻，但还是被我捕捉到了，就像风轻轻卷过叶子，将呢喃传入每一个息息相关的同学的心里。掌声慢慢响起来了，我趁热打铁，给大家展示 A 同学整洁的抽屉，并授予他一个"劳动小能手"的称号。从那以后，他身上弥漫着的愤怒因子不见了，动手欺负同学的次数明显减少了，认真倾听的时候变多了。通过这件事，我明白了一个道理：顽皮的孩子并不是毫无可取之处，只要老师循循善诱，他就会有质的飞跃。

著名的哲学家詹姆士精辟地指出："人类本质中最殷切的要求是渴望被肯定。"教育就是一句肯定胜过万语千言，从动手到"动手"的距离真的很短！

教育就是一句肯定胜过万语千言，正如："一棵树摇动另一棵树，一朵云推动另一朵云，一个灵魂唤醒另一个灵魂"。

左水良

点评

这个教育案例诠释了教育的内涵是"一棵树摇动另一棵树，一朵云推动另一朵云，一个灵魂唤醒另一个灵魂"。每个班级里都会有像 A 同学性格的学生存在，因为身形体格的优势，他们平日里和同学们发生冲突的时候，会因欺负其他同学而被告状。我们在处理这类问题的时候往往会采取言语教育、口头批评的方式，但收效甚微。实际上"堵"则不通，我们在教育爱动手欺负其他同学的学生时，可以向案例中的老师学习技巧，先发现学生平日里的优点，使同学们对他关注的视角发生转移，那这个同学从被同学告状到被老师、同学夸奖，内心获得了满足感，自然就有了内驱力，行为上产生了良性的转变。

辑二
云朵柔软

Q 棘手问题:
当遇到二孩家庭两个孩子差异比较大,出现教育问题时,
你该怎么办?

11 她也会闪光

梅晓丹

一天晚上,睡梦中的我突然接到电话,是南南的妈妈打来的。"老师,她到现在一个字都不肯写,一直在地上躺着。"电话里传来的声音有着掩饰不住的疲惫和无助,当时已经是深夜十一点半,我除了惊讶,还有对孩子的担心——这么晚睡,第二天怎么有精神呢?电话里传来一句句喃喃自语,我耐心地听完并告诉她,先让孩子去睡觉,明天我会找孩子聊聊。

第二天到了学校,照例认读生字,绝大多数学生都能流利地读出来,轮到南南时,她只是慢吞吞地站起来,低着头一声不吭。我尝试着鼓励她,但她只是怯怯地看着我,迟疑地摇头。课后,我把她带到办公室,她并不愿意和我有过多的交流,但我坚持每天在班里夸奖她每一个微小的进步。渐渐地,她开始愿意和我谈心。原来

她一直生活在姐姐的"阴影"之下，她的努力总是会被姐姐的光芒掩盖。姐姐品学兼优，是大家眼里"别人家的孩子"，而南南唯一的爱好是画画，她展示自己精心创作的画时，父母总是敷衍地回答一句便催她去看书学习，她只能用躺在地上这种方式来表达自己心中的不满。

找到了原因，我马上联系了南南的妈妈，在交流过程中能感受到两个孩子性格的巨大反差，以及对待学习的不同态度，这让这位母亲有着深深的焦虑和担忧。我尝试着引导她不要用固有思维来限定孩子，孩子是不同的个体，要发现她们身上的闪光点，但似乎收效甚微，她还是认为学习成绩才是最重要的。在我的多次劝说下，她才意识到自己有些操之过急，表示愿意多对南南进行正向的鼓励。

正好第二天是妇女节，我给学生们发了白纸，让他们表达对妈妈的祝福。孩子们拿到纸就开始写，只有南南拿出了水彩笔，问我能不能画画。我点头说："当然可以。"她开心地笑了，这是我第一次在她脸上看到那么灿烂的笑容，她拿起画笔的样子前所未有的自信。我特意在班里表扬了她的别出心裁，下课后我又和她聊天，这一次，她终于能抬头直视我的眼睛，很坚定地说："老师，这个单元所有的字我都认识了，你要不要考考我？"我惊讶于她短短一个月发

生的巨大转变，现在的南南充满自信，阳光、积极且不再抗拒学习。
每一天，我都能看到南南的进步，她能大声朗读生字和课文，甚至
能举手回答其他小朋友都犹豫的问题，也交到了更多的好朋友，变
得开朗大方。

对于二孩家庭中两个孩子的性格差异，以及个体间的不同造成
的一系列问题，我们应该多和孩子沟通，找到问题并积极鼓励，正
向引导，给孩子更宽松的成长空间，找到他们身上的闪光点，帮助
他们成为更好的自己。

教育是什么？就单方面讲，只须一句话，就是要
养成良好的习惯。

梅晓丹

点评

现如今，二孩问题已成为班主任工作中很棘手的一个问题。二孩往
往在"比较"中长大，无形中就有了压力。对于二孩的教育问题，第一步，
梅老师先了解问题产生的背景，这样才能使工作有的放矢。第二步，与家
长沟通。家长比我们更了解孩子，他们在家庭中对孩子进行教育，能成为
我们的并肩人。第三步，因材施"爱"。每个学生不同，他们需要的爱的浓
度和方式也不一样，我们就要对症下"爱"。

Q 棘手问题：
当遇到学生特别爱在课堂上随意讲话时，你该怎么办？

12 表扬信的威力

宋宁宁

　　课间去教室布置作业，老远就看见英语老师拉着周周在走廊上进行"爱的教育"。这画面太过熟悉，一定是周周又忍不住在课堂上插话了。"爱的教育"持续了一整个课间，上课铃声响了，周周才垂头丧气地走进教室。

　　趁着做眼保健操的时间，我故意走到周周桌旁问他："周周，眼保健操都开始了，你怎么才进教室呀？"周周小声说道："我被英语老师批评了。""哦，你为什么会被英语老师批评呀？是上课没有认真听吗？"周周低着头不说话，同桌忍不住了："周周上英语课时一直在说话，我们都快被烦死了。""啊？你说了什么？"周周低着头，吞吞吐吐地说："我自言自语……老师说一句，我插一句……""原来是这样啊，我看到你的小表情，知道你一定认识到错误了。"我弯下腰在他耳边小声说道，"这节课如果你能忍住，课堂上不随意讲话，下课就来我办公室领一封表扬信吧。""表扬信？"周周难以置信地看着我。我猜透了他的心思，摸摸他的头："是啊，这么轻松就能拿到表扬信，机会难得，你可要把握住哦。"他欣然答应了。

周周是个思维特别跳跃的学生，反应比较快，常常一个没忍住，就在课堂上随意讲话，老师讲一句他讲一句，有时候老师还得停下来等他先讲完。他心里知道这样是不对的，但控制不住自己。之前我跟他约定了一个"嘘"的小手势，周周在随意讲话时看到我的手势就会马上收敛。看来啊，这个小暗号只能帮助他减少说话的次数，还是没法帮他改掉坏习惯。于是，我使出了大绝招——表扬信。表扬信是我们班的最高荣誉，一个月一表扬，只有品学兼优的学生才能得到老师的表扬信。周周很想要表扬信，可是他总是插话扰乱课堂，从来没有得到过，当下有这么个好机会获得表扬信，我期待他能够挑战自己。为了公平，不打击其他学生的积极性，我特意为周周设计了一封"最佳进步奖"表扬信。

下课铃声响了，我拿着表扬信走到办公室门口，只见周周飞快地冲出教室，向我奔来，大声喊着："宋老师，我做到了！"我给了他一个大大的拥抱："你真棒，老师可相信你了，瞧，表扬信都提前准备好了。"他美滋滋地接过表扬信。我问他："你愿不愿意接受一个更大的挑战？挑战一整天在课堂上不随意讲话，挑战成功就能收到一封表扬信。"

一周后，他顺利完成挑战，集齐了五封表扬信，我非常惊喜。

我问周周是怎么做到的，他说："每次上课前我都在心里拼命告诉自己：'不要随意说话！不要随意说话！不要随意说话！'以前老师总批评我，我觉得自己很没用，改不掉这个坏习惯，没想到有一天我也能成功！"听了他的话，我有点惭愧，我也要改掉我的坏习惯，慎用批评，堵不如疏，每个人都渴望成功，我们要帮助学生寻找很多的可能。我在全班同学面前奖励了他，希望通过这个方法，影响和帮助更多的学生。

面带微笑，尊重和爱护孩子，引导孩子成为幸福的人。

宋宁宁

点评

清代教育家颜元曾说过："数子十过，不如奖子一长。"老师的鼓励和信任在学生身上发生了意想不到的化学反应，这个故事的小主人公周周就是如此。周周已经意识到自己的错误，但是改正错误的动力不足。宋老师准备的表扬信给了周周极大的自信，从而产生了克己的动力。鼓励和信任，妙不可言。

Q 棘手问题:
当遇到学生上课很吵闹时,你该怎么办?

13 故事知道怎么办

姜晓燕

新接手了一个二年级班级,我担任该班的语文老师。两个星期教学下来,我非常不适应。我不适应的是学生表现出来的学习习惯——每次,上课铃声响了,学生都不晓得做好课前准备,教室里一片闹哄哄,乱糟糟的场面堪比周星驰演的电影《逃学威龙》。等我好不容易把班级纪律维持好,学生中突然冒出一些人,有在教室里随意走来走去的,有翻箱倒柜地在抽屉里找学具的,有把两条腿搁在课桌上大喊大叫的……眼睁睁看着 40 分钟快结束了,原本精心备好的一堂课,连一半教学任务都没有完成。这种种不适应,让我内心的焦虑蔓延,为此常常失眠,在深夜反复地问自己:"学生这样的学习习惯,难道任由它这样继续下去吗?我该怎么办?"

为了教学能顺利地开展,我制定了语文学习常规,要求学生专心听讲。可是到了真正的教学中，他们都把常规弃之脑后，依然我行我素。教书差不多有20年了，我第一次遇到这样"搞不定"的班级。我甚至对上班有了恐惧，最怕星期一，因为星期一有连续两节语文课。我内心的煎熬，只有自己清楚。

光害怕是没有用的，我还是要尽量完成教学任务。因此，周一我鼓足勇气去班里上课。一进教室，就有两名学生冲跑过来，对我说他们的语文书没有带来，忘在家里了；又有一名学生，告诉我座位最后面有两名男生在扔纸球玩。我走过去，处理了纸球事件。完毕后，我站在讲台上，久久地望着学生们，他们的小脸蛋上还流着玩闹过度产生的汗水。

"我们今天不上课了。"我对他们说。

这句话像一颗消音弹，全班寂然。有学生立刻问："那这节课，我们干吗？"

我说："我给大家读绘本故事。"其实，我压根没有事先去特意准备绘本，实在感觉这样去硬生生地上课，也没有效率，所以临时做了这个决定。事后自己想想，都觉得有点冒险。庆幸的是我喜欢看书，随身的包里正好放着一本昨晚看的绘本《爸爸小时候的故事》。

我就把绘本放在投影仪上，让学生看书中的图片，我负责读故事。书中讲述了"我"爸爸在原始社会生活中遇到的吃、穿、住、行、用的故事。这本书相对其他儿童类的绘本来说，页数较多，书中图画里的细节也层出不穷，一本书读下来，学生全程无"尿点"。意外的是，我渴望已久的"专心听讲"，竟然出现了，一本书支撑起了一节课。

下课后，学生纷纷问我："下节课，老师还读绘本故事给我们听吗？"听到他们这样问，我的心里暗暗窃喜。

但在学生面前，我有意掩饰了这份高兴，装作若无其事的样子，问："你们听故事，为什么这么安静，平时上语文课，为什么这么吵闹呢？"他们很真诚地说给我听："语文书上的课文，我们都读懂了，你还要问我们一个个问题，一点意思都没有。"我本想说，"我提的问题，都是考试中会遇到的难点哦"，话没出口，立刻咽了回去。

是呀，学生说得没错。我的语文课堂总是分分秒秒在追求效率，而这所谓的效率，无非是将来考试卷上的一个分数罢了。课堂上的每一个问题、每一句话都是为了这个效率，去刻意设计、去反复打磨的。到头来，我却忘了学生喜欢什么。记得自己读小学时，我最喜欢的是语文老师放下语文书，给我们读他自己写的那些"朦胧诗"。

我想了想，对学生说："下节课，我们一起去学校的绘本馆读绘本——"教室里沸腾了。沸腾过后的一节课，他们在绘本馆里异常安静，小眼神专注地在书页间往返。我也和他们一同捧起书看，心里的不安和焦虑，得到了释放。

为了鼓励他们，我郑重宣布："如果每天的语文课，你们都能安安静静地听讲，我们不但每周都会来绘本馆看书，而且我还会亲自给你们写童话故事。"学生们跟我拉钩约定。他们果真团结一心，课堂面貌发生了很大的改变，朝着良性的方向发展。我也信守诺言，给他们写了一个故事《大海有朵唱歌的云》，故事中角色的姓名，用的全是班级里学生的小名，他们开心坏了。

周一的清晨，我早早地来到班级，班里来得比我还早的小涵同学飞奔过来说："姜老师，这是我写的故事，我妈妈说让您给我看一下，看看有什么地方需要修改的。"我接过她写的故事，说："今天第一节语文课，你把你写的故事，读给大家听，听听大家的意见。"

这是一个美丽的开始，之后，我们的语文课，有了学生自己写的故事的课前分享活动，我们把这段时光，称为"发光五分钟"。写故事的学生，听故事的学生，畅谈故事的学生，他们身上喷发出"喜欢语文"的情感，散发着快乐的光芒，不知不觉，良好的学习习惯也养成了。

故事厉害吧？它知道该怎么办！

让儿童心灵得到发展，人生闪闪发光。

姜咆芷

📑 点评

看完了这个小故事，我想到了《三字经》里的一句话"玉不琢，不成器"，孩子们都是未经雕琢的天然的玉石，遇到好的雕刻师就会成为一件精美的玉器，遇到一个拙劣的雕刻师，或许就成了一件废品。姜老师带孩子叩开了绘本的大门，叩开了知识的大门，让他们在知识的天地里徜徉，这就是琢玉，姜老师就是一位高超的雕刻大师。相信孩子们在姜老师的引领下定能成为一块块美玉。

Q 棘手问题：
当遇到一个性格很孤僻的学生，你该怎么办？

14 和快乐拥抱

戴凤丽

以前，我总以为让学生获得好成绩就达到了我的教育目标，似乎学生拥有了好成绩，他们就能拥有更多的自信与骄傲。然而在教育生涯的不断体验与经历中，我渐渐发现，学生们的人生之路上不是只有分数，只有让每个孩子都能快乐成长，才是真正重要的。

犹记得第一次见到小河这名学生的情形：乌黑浓密的头发遮住了他整个头顶，眼前的碎发马上要遮住他的两只小眼睛；乌黑的脸庞上看不清他的喜怒哀乐；他总是一个人孤单地坐在那个黑乎乎的班级图书角柜子旁，不声不响、不言不语。当时我心里就嘀咕开了：这名学生怎么一副格格不入、不快乐的样子呢？

后来，经过我的调查，我发现他其实是一名成绩非常优异的学生，可他却并没有优等生该有的张扬自信，还总是一副生人勿近的样子。可能是因为他的脾气有些乖戾吧，在学校和班内的所有集体活动中，他总是形单影只。这让我觉得有些心疼——他在本该最快乐的年纪，却缺少了最平凡的快乐。

孩子缺少了快乐，那怎么能叫"孩子"呢！所以我当即就决定花一个学期的时间，帮助小河融入集体，去拥抱本该属于他的快乐。

刚开始，小河对我的尝试并不太接受，他不愿意参加班级的任何活动，也不想主动交朋友，宁可一个人窝在图书角看他喜爱的图书，宁可一个人静静地与自己交朋友。但我终究是个执着的人哪，怎么会轻易"饶"了他呢！我总是抽出下课时间，跟个机关枪一样一刻不停地跟他对话交流，向他诉说我自己交朋友的经历。他嫌我啰唆了，我也只能忍住一会儿不说话，给他留一点空间。我还专门成立了"快乐小分队"，让性格活泼开朗的几个学生组成小队轮流陪他聊天，讲笑话给他听。只要一有集体活动，我就硬拽着他参加，我一个人拽不动，就叫上一群孩子拽，还特意嘱咐他们组的组长和组员们要多关注他、照顾他。虽然他总是不领情，总是推脱，哪怕是到了现场他都想逃跑，可我们还是会想出各种办法去让他参与、体验。我想，快乐是会传染的，我们愿意将快乐分享给他。

一开始的时候，小河总是腼腆、冷酷、一言不发，渐渐地，在我和其他孩子的努力下，他慢慢适应了集体生活，也开始愿意跟其他同学交流了。他们在课上总会一起进行小组交流发言；下课了会一起打球、玩游戏、聊天；放假了还一起去看电影、做手工呢。小河变得越来越开朗，脸上终于开始有了浅浅的笑容。其他同学也更加关心他，彼此之间的关系也变得更加紧密。

但是，仅仅融入集体并不足以达成我的教育目标。我鼓励小河平时多关注周围的事物，同时也要学习如何利用自己的优势去帮助别人。针对小河的学习优势，我建议他去帮助一些成绩暂时落后的同学，让他能够在帮助别人的过程中收获快乐，找到自己在集体中、在同学中的价值。

现在，在那个黑乎乎的图书角柜子旁，总有一束闪亮而耀眼的光，照亮整个班级，总有一抹羞涩中带着纯真的笑意在感染我们。谢谢你，我的孩子，你终于拥抱了快乐。

以熹微灯火，点燃滚烫星河。

戴凤丽

点评

绝大多数学生的内心深处都是渴望有玩伴、有朋友的，而造成学生性格孤僻的原因是复杂多样的。抓住学生内心的热爱与渴望，关注学生身上的优点，带领他们体验各种各样的活动是改变学生孤僻性格的关键。但是无论用何种方法，用心的爱是前提。学生的内心世界是敏感的，只有让学生充分感受到家人、老师、同伴的关爱、尊重、热情，才能让他真正走出来，拥抱阳光，拥抱快乐。当爱的暖流滋润着孩子的心田，他在感受爱的同时，悄然打开了心门。

Q 棘手问题：
当遇到有学生随地小便时，你该怎么办？

15 请向小草道歉

姜晓燕

　　他，叫小毅。他低着头站在我面前，一句话也不说，快有一分钟了。这一分钟对于他来说难熬，对于我来说，也不知所措。

　　小毅今天上厕所的时候，又没有把小便尿在小便槽里，他像前几次一样把小便尿在了厕所外面的草丛里。这样的事情，三次都不止了。前几次我苦口婆心地教育了他一番，我以为他应该会注意自己的文明礼仪，但是他似乎思想上意识到了这样做是错的，行动上还是不能做到一致。毕竟他还只是个九岁的小男生，调皮捣蛋是他的本性。我该怎么办呢？难道就这样看着他干站着吗？

　　"小毅，你带我去看看你尿尿的地方，好不好？"我请求他。他抬起头，瞪大了眼睛。看得出来，他对我这样的请求，感到很意外。更猛的是我给了他一个还要更意外的举动——我牵起他的手，往办公室外面走去，目标直指男厕所。路上我一句话都没有跟他说，默不作声地牵着他的手。有时，沉默也是一种教育。

到了男厕所门口，我问他："小毅，你把你的尿撒在哪堆草丛里了？"他又低下了头，垂得更低了，像个蔫了的茄子。我知道，他不敢说。"是这一丛？还是那一丛？"我指着男厕所门口长势茂盛的草丛说。他还是低头。于是我对着一丛丛的青草道歉，从左边道歉到右边："对不起，我们班的小毅不懂事，把热乎乎的尿撒在你们身上。小草们，对不起！"见我一遍遍地这样说，小毅走过来，拉拉我的衣角，说："姜老师，不是这里的小草。""啊？同学们都说你把尿撒在了男厕所门口的草丛里呀？"我反问他。他望着我，胆怯地指着男厕所对面的一丛杜鹃花丛说："是那里！"我立刻挪步到对面的杜鹃花丛。杜鹃花已经开过了，现在是繁茂的绿叶，一簇簇的。我又继续刚才的道歉："杜鹃花丛呀，我们小毅不懂事，把臭臭的尿撒向你们。让你们受苦了，我替他向你们道歉。"小毅就站在我身后。我从背后把他拉出来，对他说："杜鹃花丛好像不愿意接受我的道歉，需要你亲自给他们道歉才行啊。"小毅扭扭捏捏，不情愿。

突然，我看到厕所外面放置着打扫卫生用的水桶，立刻想到了一个点子。

我对小毅说："你去打一桶水来，我们给杜鹃花丛洗个澡。"没想到，这回小毅开口了："好的。"看来，再调皮的学生也有一颗向善的心。

趁他去打水的时候，我从杜鹃花丛的下面捡出几片枯黄的叶子来。

　　不一会儿，他打来了一桶水。我把枯黄的叶子递给他看，说道："你看，叶子都被你的尿烫伤了，它们一定很疼很疼。我们给其他的叶子浇上清凉的水吧！"我和他一起用手掬起水，洒向杜鹃花丛。经水淋过的杜鹃花丛，叶子显得更绿了。我借此机会说："你看，杜鹃花丛现在接受你的道歉了，叶子多好看啊！以后你别再用你的尿去欺负它们了。"他点点头，说："我知道了。"

　　我想，作为一名教师，总是"不厌其烦"地给学生们讲各种大道理，让他们守规矩，这样的教育是居高临下的，是灌输式的，效果可能不是很好。还不如这样亲身带着学生去体验，把自然界的万事万物都当成他们的伙伴，将心比心地倾听来自不同对象的声音。这种教育方式，才是符合他们年龄的方式，让他们明白自己的过错，这是走心的。

　　小毅提着水桶，转身要走了。我追上去问："你去干什么？不和我一起回教室吗？"他甩着手里的水桶说："我去打水，给另外被我的尿尿浇过的小草洗澡。"

对于如花含苞，如草初萌的儿童，我们应该用纸般的教育方法去引导他。

姜晓燕

点评

"说教"这个词，我一直是不太喜欢的，同样，也是我每次开家长会时，让家长们极力避免的。因为换位思考一下，就深感厌烦；因为长期观察下来，就深知没用。有时清晨在校门口站岗，总能听到父母或老人，在学生走进校园的一刹那，丢出那句一成不变的说教："上课认真听！""乖一点，别闯祸！"孩子们总是应和着，但都出于肌肉记忆一般地从嘴里挤出一个"哦"字。站在一旁的我每每会想：是啊，换我也不爱听。那么清爽的早晨，什么都还没发生，这样的说教似乎就给我判了刑。说到底，大多数说教之所以让人不快，是因为说教者的"偷懒"。无论发生什么事，做这件事的人是怎样的性格脾气和心智水平，说教者从来不加以思考分析，更别谈设身处地地理解尊重，总是用一套话术便结束了这场戏，而学生最终脑袋嗡嗡，只知自己这件事做得不对，却不知具体哪里不对，或者会带来怎样的影响。因此，姜老师用这样引导式的方法，全程没有令人痛苦的说教，却让一个孩子真正明白了自己的行为哪里不妥当。

有时，做错事的孩子不愿打开心扉接受你的"说教"，那是因为我们没用心去引导，或者没有用符合儿童心理的方式去引导。

Q 棘手问题：
当遇到有调皮的学生，总是惹事，你该怎么办？

16 一个绿色的垃圾袋

金红梅

嘭！一个绿色物体从高空落下，正好砸在了路过的王老师身边，将她吓了一大跳。仔细一看竟是一个绿色垃圾袋，里面装了不少东西。受到惊吓的王老师立刻在学校 QQ 群里把图片发上去，并附上几个字：高空抛物，太吓人！德育主任感觉应该是学生所为，此事严重，得查出是谁干的，马上去现场找这个绿色垃圾袋。说也奇怪，等她去，这袋子竟然不见了。这事怎可就此罢了，万一下次砸到人了怎么办？对，看监控！在王老师的查询下，一张监控截图发到了群里。一个男生身着黑衣，手拿一个绿色的垃圾袋进了厕所，看了下时间正好和事发时间相吻合。虽然看不清容貌，但从外形看，是我们班小峰无疑了。我顿时汗涔涔、脸红红了，火辣辣的感觉席卷而来。我实在是不好意思承认，但事实如此，也只能无奈地在学校

群里打出：602 班小峰。

事情已经发生，给班级扣分是板上钉钉的事了。我们班一向都是比较遵守班规校纪的，经常拿到流动红旗，但也经不住小峰这样的同学搞破坏。他做事常常不考虑后果，想到什么就做什么：有时候他也不想做坏事，但是控制不住自己，还是做了；有时候是不怕犯错，故意为之，有哗众取宠之嫌。班上的其他同学努力争取流动红旗，好不容易快成功了，却被他给弄没了。其他老师也是提到他就头疼，他调皮捣蛋的事没少干，比如把墨水甩到周围同学的衣服上，把同学的东西拿走扔掉，上体育课时欺负同学，在上厕所时把厕纸往窗下扔……唉，每次老师处理的时候，他都是一副知错认错的样子，然后没过多久又犯类似或者其他的错误。这次高空抛物的事情比较严重，影响也比较大，我一时竟想不好如何处理，那么就先放放。

也许越急着处理，学生就会越早放下心里的包袱，然后继续调皮；相反，晾在那，他会有点担心，不知道接下来会怎么样。事后连续几天，小峰表现出异于平常的听话。但是，该来的还是要来的，德育主任来找他了。她让小峰先给差点被砸到的王老师道歉，然后又去各老师办公室说明情况，因为他的高空抛物可能会伤害到每一名师生。这一招，令小峰意识到自己的错误之大了，他到我们办公室道歉时我不在，其他老师告诉我，他哭得很伤心。这孩子经常调皮捣蛋，调皮后被罚会哭，哭后又继续犯错。但是，我还是愿意相信他更多的是记不住，哭的时候应该是真的意识到自己错了。事后，我跟班里同学说过此事，让大家引以为戒，这事就算过去了。

很多班级都会有一两个"小峰"，面对这样的学生，老师头疼。但作为班主任，要有更多的耐心、智慧，约束其不当行为，又不失对他们的关心，调整好自己的心态，不可情绪化地处理，而是给予学生时间和空间，适时借助德育处、家长等外力的协助，尽可能多地改变他们。难，方显可贵；难，更需智慧。

面对调皮的学生总是违反班规校纪，作为班主任更要有处事的耐心和智慧，不急不躁，坚持不懈。

金红梅

点评

叶圣陶先生说："教育是农业而不是工业。教育就像农业一样需要一个缓慢的生长过程，需要一段很长的周期，而不是像工业产品。"教育是一个很漫长的过程，在育人的过程中，我们往往会遇到一些难办的事情、难感化的学生，这时候，我们作为育人主体，就需要有滴水穿石的恒心、静待花开的耐心、促进学生成长的责任心。当然，如果我们遇到真的难以解决的事情时，或许可以寻求其他老师的帮助，"三个臭皮匠，顶个诸葛亮"嘛。

Q 棘手问题：
当遇到学生取得进步，想要合适的表扬时，你该怎么办？

17 呼唤"单纯的表扬"

姜晓燕

不知从什么时候开始，我发现自己对学生的表扬变得不那么单纯了，我总是在一个很纯粹的表扬后面，添加上太多的"但是"。起先以为这个"但是"，是我对学生的关心，殊不知我正在弄巧成拙。

那天在书法课上，我发现学生们学习得特别认真，写的毛笔字也非常棒。我立刻表扬了他们："今天你们写的毛笔字美观、整洁，有了很大的进步。"学生们听到我对他们的表扬，个个显得很开心，学习的劲头也高了。刚说完，我不忘添加上一句："但是有个别同学没有按字帖写，字的间架结构不是很好，希望这些同学继续努力。"他们面面相觑，先前的快乐一扫而光。我意识到自己说的这个"但是"，有严重的画蛇添足嫌疑。他们难道在思考那个我未指名道姓的"没有按字帖写"的人，是不是自己？我原本没有这个意思的，我只是习惯性这样说话而已。"大家练书法的自信心是不是就这样被我的'但是'给抹杀掉了？"我难过地自责。

这习惯性的"但是"，并没有因为我的自责而消退。可怕就可怕在它一旦变成习惯，就会悄无声息地跟着你，在你猝不及防的情况下，伤害了学生们的心。

语文午自修时，我带领学生讲评作文。针对我们班写作能力薄弱的现象，我逐一肯定他们作文中的闪光点——

"小敏同学这次作文中人物的语言刻画得很出彩。"

"小雨同学写的作文的内容很有时代感，创新性非常好。"

"小伟同学在安排事情的情节上注重了细节的描写，让老师刮目相看。"

……

在对一连串优秀作文进行表扬之后，我拿起一篇只写了没几个字的文章，说道："但是有一个同学他写的作文非常不认真，里面的错别字极其多，写的句子老师也读不懂，思路混乱，表达欠妥。"在我打开作文簿时，有学生注意到了本子上的名字——小辉，大家都一下子把目光聚集到小辉身上，只见小辉把头垂得很低很低。我看到他如此颓丧的模样，突然于心不忍。小

辉在我们班成绩是不好,可是我在表扬全班其他学生"棒"的情况下,用一个"但是"否定了他全部的努力。他们的目光中有对他的不屑,这都是因为我的一个"但是"引起的,这个"但是"深深地伤害了他的自尊心。他原本对自己的学习已经没有多大的信心,我这一个"但是",真的是雪上加霜。我为自己这样的冒失,心如刀绞。

下课后,我走到小辉身边,向他道歉:"对不起,刚才我在全班面前展示了你的作文。你心里一定非常伤心吧?真的对不起,你的作文还是有进步的,你看,里面有一个很棒的句子,老师还打了个五角星呢。"对于我这样的事后"亡羊补牢",小辉并没有好受一些。我知道这次的"但是",真的是伤害了一个孩子。我不知道我要用多少"单纯的表扬",才能弥补过来。

俗话说,好孩子是"夸"出来的。每个人都需要别人的表扬以及对自己的肯定,从而树立信心,更好地精进。我们如果在表扬的时候,带上过多的"但是",就会无意间伤害到一部分孩子。为了孩子,让我们的表扬单纯些吧!

每条路,都能回家。

姜晓燕

点评

　　姜老师在文章中提到：在每一次表扬后加上"但是"去暗指一部分表现不好的学生，当我们反思这样的教育现象时，才意识到我们很多时候也是这样做的。姜老师的这篇文章深刻地反映出老师在面对一些进步比较小、比较慢的学生时，不能吝啬对他们的表扬，应该给予更多的鼓励和赞扬。姜老师的文章也让我反思自己的教育，每个学生作为独立的个体都渴望也需要被肯定，老师应该寻找学生身上的闪光点，也许老师点亮这小小的一点光，学生就能以此寻找到自信，激发出无限的能量。

Q 棘手问题：
当你意识到自己很会在学生面前说"不"的时候，你该怎么办？

18 少说"不"的力量

姜晓燕

"同学们，早晨到校不可以把早餐带进班级！"

"同学们，在教室里不可以追逐、打闹！"

"同学们，上课时不可以发呆！"

"同学们，作业本上不可以乱涂乱画！"

……

盘点一下，一天下来自己对学生们说的话语中，"不可以"竟然占了 90% 之多。我到底怎么啦？对他们的要求竟然变成了一个个极度限制的"不可以"。当我的工作扎堆、心情不好时，只要看到学生们有不乖的表现，我就会用"不可以"去制止他们。久而久之，这成了一种可怕的习惯。最要命的是自己有时连"同学们"三个字都会省略，一旦目睹他们的出格行为，我就会厉声呵斥："不可以！"

简单，粗暴，以势压人。

"午饭时，不可以一边吃饭一边讲话！"

"不可以抄别人的作业！"

"不可以随地扔纸屑！"

……

我的语气坚硬得像块石头，一次次"砸"向他们。起初，他们在我的禁止下，放肆的行为收敛了一些。但是，我心里很清楚，他们是不服气的，只是暂时隐忍了而已，过不了多久，他们的行为会变本加厉，仿佛是对我说的"不可以"的抗争。教育，在这样对立的"不可以"中失去了本该"育"的价值。

正在我为"不可以"烦恼的时候，班级里发生了这样一件事。

语文课下课后，我回办公室批阅作业。刚坐下，班长就急匆匆地跑来报告："姜老师，小月同学哭啦！"我立刻追问："好好的，她为什么哭呀？""她的头发很疼，所以哭了。"班长回答。"头发怎么会疼呢？"我又问她。"小康同学在我们女生踢毽子的时候，从背后冲过来，使劲地扯着小月的长辫子，把她拉哭了。"班长一一汇报着。"又是小康，每次下课都不安生，总是闹出事情来。"我的

心里燃起一团火。"姜老师，小月同学还在哭呢，你去看看她吧。"班长提醒我。我马上向班级走去。一进教室，小月同学的座位边围了一圈人，其中就有小康。我径直走到小康面前："你——"我意识到自己马上要脱口而出"不可以"三个字了，忙咽了回去。想起自己读小学时，也长了根长辫子，男生有事没事都爱扯我的辫子玩，有时也很疼。但记得那时我立刻原谅了那些扯辫子的男生，因为他们并没有恶意，只是调皮捣蛋、不懂事罢了。

我看着面前的小康，说："你把小月弄哭了，你向她道歉了吗？"他看着我，诚实地说："我早就对她说'对不起'了。""好的，你这样做得对。"我对小康说。转而我走到小月身边，摸着她的头，问："还疼吗？"小月哭红了眼说："还疼。"想来小康的这次出手太重了，应该给他点教训。于是，我对小康说："你去帮我把我的办公桌第一层抽屉里的梳子拿来，小月的头发乱了。"小康很快去拿了梳子回来。我对他说："祸是你闯的，小月的辫子你来给她梳。"这下，小康傻眼了，连连说："我是个男生，不会梳辫子！饶了我吧。"看着他恳求的眼神，我说："好，今天我帮你给小月梳辫子。以后下课，你可以和女生一起踢毽子，但别老玩这种危险的动作。"小康如释重负地点点头。

一场原本"腥风血雨"般的批评，化成了"春风细雨"般的引导。我也从中体会到：当自己把"不可以"改成"可以"以后，我们才开始了对学生们真正意义上的教育。

"同学们，早饭可以在家里吃，让爸爸妈妈给你们做点有营养的早餐！"

"同学们，在教室里可以轻轻地走动！"

"同学们，在作业本上你可以写出最漂亮的钢笔字！"

日本著名作家江本胜说："美丽的语言可以创造美丽的世界，丑陋的语言则会导致更丑陋的世界。这是宇宙的法则。"如果真是这样，我愿意竭力用美丽的"可以"，把对学生们犯错时的呵斥，变成一个个爱的收场。

教育源自内心，这样才会深刻。

姜必燕

点评

　　对于学生所做的事情，很多时候并不能用绝对的"是"与"非"来划分。姜老师在与学生的相处中，发现"不可以"带给学生负面的情绪时，及时进行调整，用正向的"可以"来引导。虽然两者之间只相差了一个"不"字，但教育的效果完全不一样。后者能够将心比心，站在学生的角度冷静分析，而不是直接下"判决书"或全盘否定，这是理智的第一步；而第二步，则是关注"语言的艺术"。一句话也许能改变一个人，班主任更应该注意语言的艺术。姜老师在日常教学中，发自内心地进行反思总结，关注到教育学生的细节，将一句句"不可以"转化成"可以"，用最真诚的话语，让学生在爱里长大。

Q 棘手问题：
当遇到完全不爱学习的学生时，你该怎么办？

19 让光芒重现

施培娟

一年前，我刚接手现在这个班级，开学时，为了摸清学生们的基本情况，我让每名学生尝试写几句自我介绍。全班同学的自我介绍都交上来后，我数了数，只有 44 份，怎么会少一份呢？全班明明有 45 名学生啊！我在班里问了好几遍，大家都说自己交了。我又数了好几遍，依旧是 44 份，这真是奇怪了。反常的事情必有原因，到底谁没有交呢？

下课的时候，一个学生偷偷地告诉我，没交的是小辰，他是个特殊学生，从来都不学习的，也不太跟同学们讲话，连字都不认识几个。我心里咯噔一下：已经进入二年级了，怎么还有学生从来不学习呢？这是为什么？第二天正式上课时，我有意识地观察小辰，发现他在上课的时候，只是自顾自趴在桌子上发呆，好像整个课堂都和他没有关系。我连续观察了他几天，发现不管任何学科的课他都是这样。

几天后，我感觉对他的情况有些了解了，就主动去找他谈话。当我拿出他空白的作业本时，明显感觉到他的神情开始紧张了起来。会紧张？那就说明对学习还是在乎的，这是一个令人欣喜的发现。我开门见山地问他："小辰，为什么不写作业呢？是不会写吗？还是不想写？"他看了看我，低下头沉默了，我没有催他立刻回答我的问题，而是继续轻轻地对他说："如果你是不会写，你就点点头可以吗？"他点了点头。我一边把铅笔递到他手里，一边接着说："那老师慢慢教你写好吗？"可是，没有任何征兆，铅笔对他来说好像一根烙铁，刚碰到他的手，他马上就把手收了回去，然后人也转身跑了出去，我叫他回来他也没理。

这次谈话后，情况似乎更严重了，他在上课的时候头一直埋在手臂里，连抬都不抬起来了。直接沟通行不通，怎么办呢？从家长那边寻求帮助吧。我从小辰的妈妈口中得知：小辰从小感统失调，四肢的协调能力不行，一年级刚开始的时候还是愿意写字的，但是每一次都写不好，久而久之就不愿意写作业了，到后来连学习都不愿意了。他们打骂过，也求助过心理医生，但是没有什么效果。我知道，小辰的情况就是心理学上典型的自卑心理的表现，在遭受打击后对自己缺乏信心，进而失去了尝试的勇气。搞清楚原因后，我主动拿着作业本去找他，跟他说："今天的作业有点特殊哦，可以手写也可以口答，你不想手写的话，选择口答可以吗？"他抬起头，眼神里充满了惊奇，但还是没说话。我又接着说："现在老师给你念题目，你准备口答可以吗？"他迟疑了一会儿，终于点了点头。口答完后，我郑重地在他的作业本上写上100分，并说："今天的作业你很棒，100分哦，为你点赞。"认识他一个多星期以来，我第一次从他的脸上看到了笑容。

用这样的方式做了几天作业后，他在课堂上开始打开书本，抬起头，学着认真听课。我知道我的第一步已经成功了，初步帮他建立起了信心以及对我的信任。在接下来的相处中，我惊奇地发现他不是不认识字，而是已认识了大量的字。他读过很多课外书，掌握了许多知识。我尝试着进一步走进他的世界，和他一起聊他看过的课外书，聊他喜欢做的事情。有一天，他小小的身影出现在办公室门口，一手拿着作业本，一手拿着铅笔，什么也没有说，就静静地看着我。我压住心中的喜悦，用最平和的声音对他说："你来问问题吗？来，到老师这里来。"虽然他的作业本上的字歪七扭八，有点"惨不忍睹"，但是我仍旧无比高兴地给他讲题，夸赞他的进步，

末了，还给他的作业画上一颗五角星。看着他眼睛里像其他学生一样渐渐聚集起了光芒，看着他手里像其他孩子一样拿着笔认真书写作业……我欣慰不已。

人师何为，当我们意识到我们要做好每一个孩子的老师时，真意已在其中。

我想我们的教育一定要凸显人的价值，是为人的教育，教会学生悦纳自我，克服心中的困难，成为一个不断成长的人。特别是像小辰这样特殊的学生，我们一定要慢慢走进他的心灵，将心比心，以心换心，帮助他走出来，在学习、生活中走稳、走好。

不求"人师"美名，但得其实，足矣！

以爱况灌未来，吾之责也；以诚哺育心灵，吾之幸也。

施窟娟

点评

孩子的世界都是纯粹的，特殊孩子也好，普通孩子也罢，他们的内心都是柔软的，老师对学生的爱，学生一定是可以感受得到的。施老师对学生的耐心和爱心深深地感动着我们，对一个特殊孩子，施老师耐心跟进、连续观察，只为找到能够走进他内心的契机。施老师是热爱孩子的，全心全意为了孩子的成长，不厌其烦地想尽办法从各个方面帮助这个特殊的孩子，帮他树立信心，帮他打开心扉。施老师是热爱教育的，她有着一颗与孩子同频共振的心：当孩子进步时，发自内心地为他高兴；当孩子遇到困难时，全心全意帮助他成长。这样的老师堪称师者典范。

Q <u>棘手问题：</u>
<u>当遇到学生对某些学科的学习提不起兴趣时，你该怎么办？</u>

20 来点儿惊喜

蔡冬萍

有一天路过班级后门口，门打开着，我朝里头瞅了一眼，美术老师在前面展示着优秀作品，后排几个学生昏昏欲睡，更有甚者在自顾自地说话，我气不打一处来。但为了不打断美术老师的课，我在后门口站了片刻，等那几个学生感知到我锐利的目光，从而变得收敛后，便离开了。

课后，我找美术老师了解情况，得知班里大部分学生其实绘画水平都不错，但有的学生会因美术是副课而不重视课堂学习，上课总是提不起兴致，对待美术作业也比较随便。我顺手翻了翻他们的绘画作品，有的画作实属一言难尽，我摇头苦笑。美术老师反倒安慰我："也不是次次都这样，有时候也会有让人惊喜的作品出现……"

　　都说是金子总会发光的，可哪有往自己身上填土的道理呀！

　　到了下一节美术课，我悄悄在后门口观望，等有学生发现后叫我，我便顺势走进教室，朝美术老师使了个眼色："你们在学什么呢？看着真有意思，我能不能跟你们一起学？"学生惊呼起来："蔡老师也要跟我们一起上课！""好啊好啊，老师我可以借你马克笔"……我走到一个学生的座位旁边，问："今天我可以和你做同桌吗？"那学生不住地点头。周围不少孩子发出邀请："跟我坐！跟我坐！"还有学生已经起身做出"请"的动作，安静的教室在那一瞬间炸开了锅。我入座后马上做出"嘘"的手势，学生很听话，纷纷坐端正开始听课，时不时欣喜地朝我这望望。

　　这节课画新年日历，贴心的美术老师准备了不少素材供学生参考，我挑选了一张便开始安静作画。我知道，有不少学生正伸长脖子朝我这看，他们一定很好奇我会画什么，画得怎么样。为了让他们能专注于自己的创作，我和美术老师一唱一和："李老师，这个部分很难画啊。""我们班敏敏画画很细致，所以这一块处理得很好。蔡老师，你可以去看看。"我走到敏敏旁边，夸张地赞叹道："哇，敏敏好厉害啊！蔡老师要向你拜师学艺。"其他学生忍不住凑到敏敏边上看，一个个"哇"出了声。我见状，马上说道："不知道咱们班有没有其他小艺术家了……"果然，马上有同学不服输地站出来说："蔡老师，你看我的画。"我接过画看，果真画得有模有样："哇，能人不少啊！但是你们都才画了一半而已，怎么证明自己的全部水平？来，把画画完，我也要继续作画了。"说完，教室里很快安静了下来，学生一个个地埋头创作，格外认真。

　　下课铃声响起时，我也差不多画完了。我举起自己设计的新年日历给学生展示，大家都很捧场："蔡老师都可以当美术老师了！""让我看看你们画得怎么样了。"一幅幅作品凑到我跟前，都是佳作！美术老师说得没错，认真画的话，学生们会给你无限惊喜。"蔡老师，下次美术课你还跟我们一起上课不？"一名学生发问。一群学生涌到我跟前期待地看向我。"当然！美术课这么有趣，我下次还来！"可我知道，一直陪他们上课不是长久之计，和我一起上课的新鲜感也不会持续太久。于是，我开始了下一步计划。

　　我时不时在朋友圈发几张自己的画作，我知道，有的学生会从家长手机里看到。果然不出我所料，第二天就有学生在班级里谈论起了我的朋友圈内容："蔡老师朋友圈的画好好看！""什么什么？我都没看到！"我看准时机："喜欢吗？改日拿你们美术课的精彩画作跟我交换礼物吧！"这话竟然很奏效！

再之后，我会在学生们生日那天，送出自己的画，附上祝福语，他们很是喜欢。惊喜的是，我时不时还能收到学生自己画的画，素描的，水粉的，蜡笔的……他们对画画的兴趣显然已经不局限于课堂了。

我也偶尔和学生们一起上体育课，偶尔在他们做数学题时和他们探讨我的解题思路，偶尔对他们的科学实验表现出浓厚的兴趣……我发现，当我给学生带去惊喜，他们就会回馈我更多的惊喜。

在波澜不惊的日子里，投一颗小石子吧，
层层涟漪很美，不是吗？

蔡冬萍

点评

学生在技能课的表现常常令班主任感到头疼，很多时候我们都会在门外干着急，企图用严肃的面孔让他们马上端正上课态度，下课后再全班强调——无论什么课，都要遵守课堂纪律，好好学习。然而往往收效甚微。故事中的蔡老师却在这时候选择"打入内部"，她和学生们一起上课，在自然和谐的氛围中夸奖和鼓励学生，激发他们的上课热情，主动参与到学习中。在有成效后，又进一步"退出同学圈"，通过课后分享作品，共同交流探讨，进一步助推学生的积极性。此法甚好！

辑三
花儿娇嫩

Q 棘手问题：
当遇到学生对学习不感兴趣时，你该怎么办？

21 投其所好

戴凤丽

"小杰，你最喜欢的科目是什么？"我问道。

"音乐！"他很干脆地回答我。

"那其他科目呢？"

"没什么特别的感觉。"

这便是小杰。说实话，他是个善于交往的人，与同学们总能相处得很好，但他也总是爱在课堂上与同学聊天，学习上分心严重，对大多数课堂上的内容都毫无兴趣、毫不在意。

在我眼中，每个学生就像我自己的孩子一样，我总是期待着他们能爱上学习，能埋头读书，也能在所有科目中取得该有的成绩。但小杰这孩子，让我感觉很棘手，也很焦急。我决定去找小杰谈谈话，试着做他的朋友。于是，我时常抽上课前的时间走到他的课桌旁，和他闲聊。我们谈了一些关于电子游戏和音乐的话题，他表现出十分感兴趣的样子。后来，我慢慢了解到，他并不是讨厌学习，而只是没有找到学习的兴趣和方法。

我想，只有让他体会到学习的乐趣，才能让他把学习当成一件有趣的事情。

于是，我开始引导他阅读一些经典的名著，跟他一起看《西游记》《水浒传》，还为此举办了一次读书沙龙活动，让他能在沙龙中听到其他同学阅读后的看法，也能让他寻找到名著中更多吸引人的地方。当然，他自己也从这些经典著作中学到了一些人生道理。后来，他饶有兴致地跟我们聊起了他最喜欢的《三体》这本书，以及一些和电子音乐相关的故事。在他的侃侃而谈中，我慢慢知道，他其实是会阅读的，也是会学习的。

于是，我开始去引导他练习写作，帮他找寻到自己的兴趣点和创造点，我们经常会讨论游戏和科技相关的写作素材，也会聊跟音乐有关的书籍。但同时我也不忘提醒他：只有学好数学、语文等基础学科，才能对他以后的学习生涯甚至理想的实现有帮助。渐渐地，他开始享受阅读和写作带给他的乐趣，也真正开始享受学习的过程。

知道他喜欢玩游戏，所以我还跟他分享了关于游戏开发的知识，告知他需要学习计算机科学，了解人工智能以及其他相关的学科才能开发属于自己的游戏。在我的帮助下，他开始积极地去学习相关的知识，还会每天向我汇报他学到的新知识。

"老师，我开始感觉数学变得有趣起来了！"他兴奋地冲着我说道。我也非常高兴地接受了这个消息。时间过得很快，小杰在我的指导下变得更有学习动力、更有目标了。他对课堂上其他学科也开始产生浓厚的兴趣，他开始注重理解每个学科中的内容和思维方式，也懂得用自己的方法去发掘问题，探究欲望越来越强。

我明白了，就算我以后不能成为一名游戏开发者，我仍然能够运用我的才能创造出令人喜爱的东西！"他再一次肯定了自己的奋斗目标。

小杰的进步让我明白，无论是大人还是孩子，只要能寻找到学习的兴趣与方法，找到正确的思考方式，就可以破局而出。

给学生一片蓝天，他们会让它繁星点点；
给学生一片绿地，他们会让它春色满园。

戴凤启

点评

学生对某些学科不感兴趣的问题，令许多班主任头疼不已，但戴老师另辟蹊径，从学生本身感兴趣的角度入手，帮助学生找到学习的正确方法，引导他对学习感兴趣，进而爱上学习。戴老师不是一味的批评、说教，而是与学生进行双向的沟通互动，并举办小小的活动让他与大家分享，让他有成就感，在潜移默化中进一步增加他对学习的兴趣，并在其他学科中举一反三，最终帮助学生走向全面发展。教学不仅仅在课堂，也在学校生活的方方面面。

Q 棘手问题：
当遇到特殊学生到处乱跑，没有规则意识时，你该怎么办？

22 希望的种子

何　鹏

　　骏骏是学校里的一名学生，入校时经医院诊断被评估为中度自闭症，他的父母为普通职工，他平时主要由爷爷奶奶照看。在校期间，骏骏的乱跑行为非常严重，常常会在下课、课间操、食堂就餐等时间段溜到老师的视线外，并做出各种不被允许的行为。

　　一天下午，我刚上完课，班里的陪读家长就急忙召唤我，然后从家长休息室拿出一大叠重要的文档资料。我逐一翻看，发现这些都是非常重要的资料。"除了他还有谁？刚才课间时间偷偷跑到文印室去的。"家长在我旁边嘀咕。放学之前，文印室的老师过来告诉我，骏骏又趁老师不在偷偷去文印室了，把文印室弄得一塌糊涂。没过几天，学校保安来了，说在监控里看到一名学生翻窗户进了储藏室，太危险了，看身形和动作就知道又是他了，而且他是趁中饭后的那段时间偷偷跑过去的。

哎！这样的投诉，我一天能接到四五个，可是我总不能八个小时盯着他一个人吧，我该怎么办？在我接手这个班之前，骏骏的乱跑行为已经持续了两年多，由于骏骏本身年龄较大，且乱跑行为随着青春期的到来有加剧的趋势，其他学科任教老师大多对他也是束手无策，导致他长期处于"无拘无束"的放任状态。另外，前两年由于骏骏的班主任更换频繁，时任班主任虽然事后及时进行了处置，但并未针对他的这一问题采取强有力的个性化措施。

纵有千难万难，我也要帮助他，不然他只会越发堕落。那段时间，我通过咨询骏骏的前任班主任以及骏骏的各科任教老师和家长，从多角度了解了骏骏生活的真实状态，弄清楚了骏骏乱跑，不仅是因为自闭症本身的多动问题，而且和他长期被边缘化有很大关系。在接下去的干预阶段中，我首先注重的就是对他的关爱和支持，时常注意他的状态和需求，把他从班级的边缘拉回到集体中心，并特意为他个人制定了"微型代币系统"，只要他每天不乱跑，就可以得到一朵小红花，收集到一定数量的小红花，他就可以获得一份专属奖励。除此之外，我还为骏骏制定了个别化活动表、划定骏骏的自主活动区、引导他自我评价，帮助他逐步树立规则意识，切实减少他在学校的乱跑现象。

在老师持之以恒的干预措施下，骏骏的进步有目共睹，难能可贵的是他的一些乱跑行为在得到控制的同时还进行了积极转化。比如，骏骏能够逐步遵守和老师商定的契约，并能自觉地完成个人活动表上的任务，尤其是在食堂就餐时间，能主动帮助老师承担分饭任务，并在就餐结束后待在指定的位置等待。再比如，在每天的放学整理时间段，他除了完成自己的班级值日任务外，还能坚持每天打扫办公室的卫生，并定期给办公室的植物浇水，这些都是值得鼓励的积极行为。

在对特殊学生尤其是自闭症儿童的问题行为进行干预时，我们应该注意多疏导、少堵塞，循循善诱方为良策。自闭症学生的问题行为各种各样，且大多数都伴随着不同程度的情绪和行为问题，如果一味地强硬要求、简单粗暴，极有可能加剧师生的对立情绪，引发更为严重的破坏性行为。因此，在对自闭症儿童的问题行为进行处理时，要注意以疏导为主，适当满足他的一些个性化需求。

包容、爱心、专业，是特殊教育的三剂良药。

何鹏

点评

何老师发现问题后，以包容之心接纳，以专业知识为引领，制定相应持续、有效的干预方案，积极引导，建立共识，奖励辅助，亦疏亦导，怀满腔之爱，帮助自闭症学生逐步与集体建立联系，并慢慢融入社会生活。

何老师手持特殊教育的"三剂良药"，针对学生的个性化需求设计相应策略，在实际操作过程中，不断探索、发现，及时调整方向，展现了特殊教育者的专业素养和仁爱之心。

Q 棘手问题:
当遇到转学生出现上学焦虑时,你该怎么办?

23 每天一点小期待

罗　怡

　　开学第二天,我在班里等啊等:新转来的小孟一直没有来。我正走出教室准备给家长打电话询问情况时,发现他背着书包站在走廊上。我以为他担心迟到被批评,赶紧过去揽着他进教室,却发现他泪流满面,眼睛都已经哭红肿了。我给他塞了一把纸巾,告诉他想哭就哭。五分钟之后他慢慢平复,并且小声地告诉我:"我刚刚转学过来,有很多不适应的地方,早上不敢来学校。"我抱了抱他,跟他说要给自己时间过渡,我和同学们会帮他一起克服。他愉快地接受后,就回教室上课了。

　　这一天,我找了班里其他学生和各科任教老师沟通了解情况,得到的反馈有点儿意外,小孟能和同学们友好相处,一起吃饭一起聊天,上课也能专心听讲,思维活跃。这样看来,似乎是我过分担心了，于是我交代了小孟周围的学生，下课多带着他熟悉校园环境，多陪他聊聊天，准备再观察几天再说。接下来的几天，小孟或者在走廊上等我，或者直接来办公室找我，哭一会儿，再自己回教室，还算愉快地度过一天。正当我以为一切都在慢慢好起来的时候，周一早晨，却等来了小孟家长的电话。

家长反馈，小孟在家时，只要一提起上学就发脾气，每天都要在校门口沟通半小时，连骗带骂熬到上课时间才肯进学校，而经过再三询问，孩子说是老师对他太凶了。家长显然是有情绪的，我结合小孟在校情况，以及回家作业完成的情况来看，觉得问题可能和家长有关，所以我询问家长，孩子出现这样的表现之后，他们是如何应对的。家长告诉我上周全家都因为这件事苦恼，每天回家就只有这一件事，一开始是好好说，劝他上学，告诉他学习很重要，但是情况没有好转，就开始批评责骂他，而小孟也正是从这个时候开始发脾气。到最后，家长觉得身心俱疲，就开始询问他是不是在校期间受委屈了，最后认定问题出在老师身上。

我先向家长如实反映并肯定了小孟在校的良好表现，家长显然很吃惊，但情绪也因此平复了不少。接着我问了她一个问题："如果你近段时间上班已经很累了，每天回到家后，大家都来问你为什么累，怎么会这么累，告诉你要坚持住，上班很重要，你感觉怎么样？""更烦了。"她回答。"那说什么能让你轻松一点呢？"她好像有点明白过来了。我继续为她出主意，可以每天帮助孩子回忆一下，在学校发生了什么有趣的事情，或者想想明天去学校有什么值得期待的……帮助孩子将消极情绪转为兴奋期待，当孩子有情绪的时候，比起被他们的情绪带着跑，我们更应该先跳出情绪，才能想出有效的办法帮助他。结束了与家长的通话后，我还求助了学校德育处，安排小孟每天喂养学校的小山羊，小孟也可以借此机会和心理老师一起散步聊天。

当天晚上，小孟家长说："孩子晚上居然没有发脾气。"第二天早上我收到消息："今天还是磨磨蹭蹭，但是大概也就十分钟。"第三天，小孟说："还是去学校吧，还有小山羊要喂。"

转学生的焦虑问题普遍存在，其实，焦虑的不仅仅是学生，还有家长。因此，教师在关注学生情况的同时，还应及时了解家长的态度，努力争取家校合作，用每天一点点的小期待，帮助学生更快适应新环境。

你笑的时候，我在人群中鼓掌，
你哭的时候，我敞开怀抱等候。
孩子啊！向着阳光奔跑吧！

罗怡.

点评

在教育学中，有一个很著名的心理效应，叫皮格马利翁效应——期待效应。说的是你期待什么，就会得到什么。教师的期望会影响被期望的学生，被影响的学生往往也会朝着教师期望的方向变化。罗老师就很好地运用了皮格马利翁效应，给转学生小孟以期待，见证了他的成长。

Q 棘手问题：
当遇到易怒的学生时，你该怎么办？

24 没有一朵花，
一开始就是一朵花

吴怡恒

　　开学初，我刚接手一个新班级，一切都才刚开始。一次科学课上，老师急匆匆地来找我，说："吴老师，有人在教室内打起来了。"我吓了一跳，连忙赶过去，只见两个男生像两头愤怒的公牛一般瞪着对方，好像下一秒就要马上出手打在一起。我连忙把他们两个叫出去，担心、愤怒冲撞着我。我忍不住质问："怎么回事？小管，你先说！"小管气呼呼地说："是他先打我的！"另一名同学立马反驳："是你先说我的！"看着不肯罢休的两个人，我只得先让他们分开，冷静后再处理。经多方了解情况后才知道，是小管说人家在先。面对我的批评，小管不情不愿地承认并且道歉了。在与家长沟通后，我才知道，一直以来，小管与其他同学的矛盾都较多，家长也很无奈。四年级上半个学期，我处理了小管与其他同学大大小

小的矛盾，我想这样下去不行，得想个办法。

转机出现在他与后桌女生发生的矛盾上。小管坐在第三排，女生坐在第四排，他常因为位置拥挤与后桌女生争吵。有一次，小管找到我说："吴老师，我要换座位，后面的同学老是往前挤，我都没有位置了！"看着他满脸愤怒的样子，我摸了摸他汗湿的脸，轻声说："别急，你要不和后面同学谈谈，互相讨论看看有什么解决的好办法。"过了一天，我找到他问："解决得如何了？"他说："我说过了，她不肯理我，我不要坐在那里了，和她根本谈不了！"我问："你是怎么谈的？"小管说："我就和她说，你不要往前挤，但她还是不听。"那一瞬间，我明白了，他对于"谈一谈"来解决问题的方法十分不认同，也不乐意去尝试，更不知道用什么样的方法来谈一谈。我有意让他自己解决问题，便引导他："与别人谈一谈，有些时候会有不可思议的力量，你想想这件事的根源是什么呢？你们两人在相互推挤的过程中，总有一方空间大，总有一方空间小，对于两人来说都不公平，那怎么办呢？"他想了一会儿，说："如果最后一排的同学能往后面移一移，我们的空间就能变大。""没错，太聪明了，你能去和后面的几个同学谈一谈吗？""怎么谈啊？""别急，想想要说什么，怎么说？"他思考了一会儿，说："我去试试。"过了一个课间，他找到了我，满脸兴奋地说："吴老师，我和后面的同学说过了，他们往后移了。""太棒了，看来谈一谈也是一个好办法，是吗？我觉得你还需要完成最后一步，才算真正将事情解决了，你要去和一个同学道歉，你觉得呢？"这次的道歉爽快多了，他二话不说就去向后桌女生道了歉。直至那个学期结束，他们之间也没有再因为座位的问题发生矛盾了。

转眼到了六年级，那个易怒、满身是刺的男生慢慢成长了，小管收敛起自己的脾气，软化自己满身的刺，渐渐开出一朵又一朵的花。我欣慰于他的成长，也相信他定能变成他作文《心愿》中的样子。

心中有爱，举手投足间挥洒出温暖与宽容。

吴晓坦

点评

吴老师处理学生矛盾的方式在不断升级，1.0 版是老师帮助处理矛盾，2.0 版是师生讨论处理矛盾，3.0 版是生生沟通处理矛盾。吴老师处理学生问题时，有一种"授人以渔"的智慧，让学生认识情绪，学会用友好沟通的方法去尝试合作解决问题。同学之间从原本的"针锋相对"变成"合作解决问题"，实现共赢。学生处理问题从"遇事发怒"变成"合作沟通"，这是吴老师智慧的体现。

Q 棘手问题：
当遇到特殊学生情绪失控时，你该怎么办？

25 不抛弃，不放弃

何 鹏

小凡是我校低年段的一名自闭症男孩，他固执、刻板，有明显的社交障碍。他吃饭吃一半，桌上撒一半，常常还没到小便池就已经把尿撒完了。紧皱眉头是别人对他的第一印象，一件不开心的小事或许会在他脑海中盘旋良久，然后突然在某个时间点大爆发。试问，这样的学生如何在这个社会上自处，未来又将何去何从？

"何老师，你快来，小凡又发脾气了，压不住啊。"接完电话，我赶忙跑去音乐教室，看到小凡在歇斯底里地哭泣、抓人、撕扯、暴跳，我迅速冲上前，握住他的双手防止伤害到他人，蹲在他的身前安抚："小凡，不怕！来，看何老师的眼睛……小凡热，何老师扇一扇，静下来……小凡，这是你最喜欢的棒棒糖……小凡，看着老师，深呼吸，1、2、3、4……"一个小时后他终于冷静了下来。

放学遇到小凡奶奶来接他，还未说完今日情况，他奶奶就打断说："就是欠揍，老师，你们打一顿就好了。"打电话与其父母沟通，父母直言"我们平时上班没时间管他的，都是孩子奶奶管的，你们跟孩子奶奶说好了"。其他老师劝我："人家父母都放弃了，你也不要太放在心上，这孩子的教育，太难了。"

回教室的路格外长，一步一步走得我大腿酸胀，我不禁自问：我的这些尝试、坚持到底有没有用？我是不是应该放弃他？我还来不及疲惫和迷茫，第二天他又发脾气了，与以往一样哭喊着、暴跳着，但不同的是，这次他竟然主动向我投来纯粹且干净的目光。对，他在求助！在向我求助！这是他从来没有过的表达！那一刻，我的脑海里就只有：帮他，一定要帮他！

方法总比困难多，我开始系统地制定干预方案帮助小凡。首先，就是进行观察记录，将小凡情绪爆发的时间点记录下来，并对当时的情境进行分析，一定要弄清楚造成小凡发脾气的主客观因素，然后根据情境分析提出干预策略。其次，从训练小凡正确表达需求、改善客观环境、去除同伴之间干扰因素几个方面着手，进行系统性介入，帮助小凡稳定情绪。最后，通过强化物的运用，让小凡学会正向的情绪表达。

半年后，小凡还是会发脾气，但频次明显减少，有一次竟然主动与人打招呼！看着他的小小进步，我傻傻地站在那里笑，是啊，只要坚持，特殊孩子也能用自己的方式闪光。教学相长，成就孩子的同时我也在沉淀自己。

如果说爱孩子是一件值得骄傲的事，那么爱特殊孩子，该是没有滤镜、没有设计，一辈子都在回味的事。相信有我们的坚守和坚持，特殊孩子们终将在"美好教育"的同一片蓝天下融入社会。在教育的路上，我们将不忘初心，知难而进！

等一等孩子，让教育"慢"下来。

何鹏

点评

　　照顾特殊的孩子们，很难，所以总会不断和自己对话，最多的应该就是："我该这样放弃了，还是要继续坚持？""尝试了很多方法，效果不明显。还有更好的方法吗？""人家父母都已经放弃了，我这样做值得吗？"太多太多的困难，最后总被那一双双清澈的眼睛化解，被那一道道"纯粹又干净的目光"唤回初心。这是我们在何老师的故事中，感受到的属于特殊教育者的爱——不抛弃，不放弃。

　　除了给孩子关爱外，科学的方法也必不可少。记录时间点、情境，多角度了解并分析学生情绪爆发的主客观原因：一方面针对各种原因提出干预策略，打破固有的表达模式；另一方面加以适当的表达训练，帮助学生建立更为合理有效的沟通方式。双管齐下，值得借鉴。

Q 棘手问题：
当遇到要表扬全班学生做的好事时，你该怎么办？

26 好事上屏保

姜晓燕

　　在三月初"学雷锋纪念日"期间，学校政教处面向全体学生发起了"讲文明，树新风"的活动。作为一名班主任，为配合此项活动，我在班里进行了发动："同学们，中央电视台经常播放这样一则公益广告，叫'文明其实离我们只有一步之遥'。只要我们行动起来，'文明小使者'的称号就会属于你。" 同学们兴致高涨，纷纷表示要做一名真正的"文明小使者"。

　　我面前是一批三年级的学生，他们的情感很容易外露，表现出对活动极大的热情。但是没过多久，我就发现他们的文明礼仪并没有实质意义上的跟进，同学间叫绰号的、打闹的、乱扔垃圾的现象时有发生，与活动开展前并无两样。我处理了这起违反文明礼仪的事件，另一起类似的事件又冒出来了。"文明小使者"的评比活动名存实亡。

"究竟怎样才能使活动开展得有实效呢？"我陷入了深深的思考。有一天，我在用电脑整理资料的时候，突然有了一个灵感——我们可以把学生的文明礼仪行为方面的表现记录在电脑里呀！相信这种新颖的记录方式，必然会带来学生对活动的热情。于是，在班队活动课上，我对学生们说："老师会在电脑里建一个'文明之星'的文件夹，专门用来记录你们做的好人好事。每个人都有一个子文件夹，我们要来比一比谁的文明礼仪档案最多。"这一举措马上在班级中掀起不小的波澜，同学们都被这新奇的表扬方式吸引了，争着表现出自己最优秀的一面，希望能被记录在电脑里。

但问题来了。存进电脑的资料大部分时间里是"隐藏"着的，

只有在我登记的时候，同学们才能看到。它的透明度不大，表扬的效能也很容易消失掉。我又想：能不能进一步改良我们的电脑记录呢？

一次，当我看到电脑屏幕保护中变幻不停的文字时，忽然间有了灵感。于是，我把学生中最具代表性的文明礼仪事件输入教室里电脑屏幕保护中的"设置"一栏。一下课，电脑的屏幕保护就出现像跑马灯一样的效果："在阳光体育活动中，小青同学把自己的跳绳借给了阿翔同学，和他共用一根跳绳。"这样的表扬既新鲜又有趣，同学们喜欢得不得了，班级中的舆论也趋向正面化。他们凭借屏幕保护中显示的事件，学会互相赞赏，为别人的进步而鼓掌。简简单单的一个屏幕保护让同学们体验着与同伴同乐的幸福感，充满了道德互动与道德学习的热情。我欣喜地看到活动正如开始预想的那样走向深入。

同学们对活动的热忱给了我莫大的信心。接下来，我把文字输入的工作放手交给了班级中精通电脑的同学，让他们肩负起原本被我"掌控"的事件记录工作，进行权利下放，使活动开展得更民主、更开放，在生成性的体验式活动中，实现认知、情感与行为的整合建构。

三月底，学校评比"文明小使者"的时候，充分肯定了我们班的创新举措，并破格把我们班评为"文明礼仪示范班"。当我和学生们一起欢庆的时候，我想到了苏霍姆林斯基曾说过的一段话："要通往儿童的心灵，并不是经过一条洁净平坦的小路，教师只要在路上经

常用心做拔除野草的事；而是要经过一片道德品质幼苗的肥沃田野，教师要在路上像播种耕耘的庄稼人那样，十分小心地保护那些尚未苗壮的幼苗的柔弱根部和向着太阳生长的新叶。"苏霍姆林斯基在对学生进行教育的过程中，善于因势利导，给予积极的鼓励，激发学生心灵的火花，人们把这称为"特殊奖励"。如果学生不仅知道自己的优点，而且体会到集体对他的优点的赞赏，那么他就会尽一切努力变得更好。从某种意义上讲，道德教育的全部艺术就在于实现其激励性。

我们要让每个儿童心善良，发悲为未来。
包括任何强壮心或柔弱心。

姜晓燕

点评

　　运用"好事上屏保"这样创新的方式表扬学生做好事的行为，非常能调动学生的积极性。学生欣喜于老师关注到自己做的好事，而且放大到让全班同学都知道，在他们的内心里，深刻感受到做了一件好事，即使很小，也是有意义的，也是会被关注到的，他们有了坚持下去的动力。姜老师总是能用学生们喜闻乐见的教育方式去解决我们教育中遇到的难题，这不仅归功于她多年的教学经验，更在于她对教育有着深刻的思考，对学生有着无私的爱。

棘手问题：
当遇上学生离家出走时，你该怎么办？

27 目光在低处

裘伊宁

　　教育的本质是教学生为人。每年高考的新闻占据头版头条的时候，考试作弊的现象也会频登热搜。所以诚信，包括考试诚信是教育里的重要内容。在我的班上，倘若听写、检测作弊（打小抄、翻书）被发现或被举报核实之后，这次成绩会被取消，以此作为警醒。

　　有回语文小测结束后，L 同学的邻桌跑过来："老师，我在检测时，看到 L 同学看小抄，小抄写在美术老师发的纸上。"鉴于 L 同学平时不是调皮捣蛋的学生，所以我走到他的座位边，让他把抽屉里的纸拿出来。我定睛一看，他确实在美术范本的封面上抄了本单元的"日积月累"和古诗。由于人证、物证齐全，我心里感到左右为难，最后还是取消了他的成绩。

　　放学下班刚到家，我就接到了 L 同学妈妈的电话，还以为是家长想就他检测打小抄的事情和我沟通。出乎意料的是，竟然是 L 同学留下字条，离家出走了。"妈妈，如果你知道我检测作弊的事情，一定会打死我的，我太害怕了，所以我就走了。"听到 L 妈妈复述这句话的时候，我都惊愕了。以往也有一两个同学作弊被批评教育的，但从来没有离家出走的。L 同学的妈妈在电话里过于激动，直言："老师，我就这么一个儿子，如果他想不开，我还怎么活下去！"从这番话里，我感受到这位母亲的焦虑和心急，也为自己的鲁莽而感到后悔。

我第一时间赶到学校，L 同学的妈妈已经泣不成声，从她断断续续的话语里，我了解到每次儿子犯错她都会动手狠狠打他。这让我明白了 L 同学离家出走的首要原因是怕被妈妈打。

因为 L 同学家和学校就隔着条马路，很近。碰巧周围看热闹的人里有几个是我们班的学生，他们自告奋勇："老师，我们去附近看看！"见此状，我安抚着 L 同学的妈妈并等待警察到来。不出十分钟，就有学生跑过来："老师！我们发现 L 同学就在小区的公园里。"当时我悬着的心终于放下来了，还好人找着了。我招呼几个男生去把他带过来。

L 同学在几个同学的陪同下姗姗来迟，边上的同学却忍不住偷笑。L 同学的妈妈看到儿子出现，踉踉跄跄跑上去抱住他，不断重复："没有你，我可怎么活！"

L 同学会做出离家出走的行为，离不开妈妈对他殷切的期待和高要求。成绩，有时候又成为家庭矛盾的导火线。

他的离家出走，颠覆了我认知里内向、乖巧的他。不可忽视的是，

他的父母因为自身文化水平不高，所以把希望都寄托在孩子身上。父母的"口头"教育不起作用，往往就会"动手"教育，使得亲子矛盾激化，引起孩子心理和情绪的变化，以至于孩子萌生极端的想法。

第二天，我立即和 L 同学进行了谈话与沟通。从他的话语里，我听出了他的压力，尤其是妈妈的教育方式对他的影响。于是当天下午放学后，我到 L 同学家进行了家访，与他的妈妈进行了深入的谈话，这次家访的目的是引导妈妈重新认识 L 同学，用正确的方式来教育孩子。

作为一名班主任，我常常觉得自己做事有点过急——德育和教学之间的平衡点总是让我困惑。教学考核的杠杆总是鞭策着我，学生的天性又提醒着我。

　　这个困惑，在区骨干教师培训会上得到了解答。当时讲课的老师说："我们教育要做好的是德育，有时候放过孩子，更是放过我们自己。"这个时候我才真正幡然醒悟。

教育的本质是教学生为人处事。让我们把目光放在生活的低处，从孩子的高度去看待他们的世界。

裘伊宁．

点评

　　由学生考试作弊而引发学生离家出走这一系列的连锁反应事件，引起了老师对亲子关系以及自己德育工作的思考。裘老师能够针对该生出现的家庭问题，伸出援手——了解孩子内心的想法，给该生与母亲一次真诚的沟通机会，帮助他们缓解母子关系，让亲子关系更和谐融洽。同时，裘老师在之后的德育工作中，也逐步重视培养学生诚实守信的品格。

Q　棘手问题：
当遇到学生经常跟你打"小报告"，你该怎么办？

28　爱打"小报告"的他

王佳慧

　　"老师！老师！"每个课间休息的时间，他一定会敲响办公室的门。

　　"老师，他们又在玩水了！"我刚上完课回到办公室，还没来得及喝口水喘口气，就立马听到了他的声音。没错，他就是那个班上最爱打"小报告"的学生——小陈同学。又听得几声仓促的敲门声，还没等我回应，小陈同学便用力一把推开了门，只见他三步并作两步，眼神坚定地走向我，头发上还沾着汗珠。我猜想一定是刚才上完体育课回来，他发现有人在厕所玩水，便立刻像支弓箭一般地往我办公室的方向跑来了吧。

　　转眼间小陈同学已经站在了我的面前，气喘吁吁，一副上气不接下气的样子。"老……老……老师！"他努力平复着自己的呼吸，

用手使劲拍打胸口，一副很紧急的样子。"老师，他们不好好洗手，又在厕所水池玩水呢。你可快去管管吧！"好不容易，他终于把要说的事儿给表达清楚了。一旁的老师听了，带着调侃式的语气轻描淡写地说了一句："王老师，你的侦察员又来给你打'小报告'了呀！"另一位老师接道："是呀，小侦察员，你就不能让你们老师清净一会儿？"我也跟着打趣道："对呀，怎么就你一天到晚事儿最多呢？你可真是一个大忙人呀！"

他沉默了，眉头微微一皱，头低垂着，不再目光炯炯地盯着我瞧。换作以往，他都会像一名战士一样笔直地站好，等待我下达"作战计划"。而此刻的他什么都没说，垂着头，悻悻地离开了。

我有些蒙圈，意识到自己的话让他伤心了，于是悄悄跟在他的身后。本以为小陈会一个人难过，没想到他离开办公室后便径直走向了厕所，洗手池旁果然有两三个孩子在"撒野"。只见小陈同学挺直腰板，深吸一口气，眼神直直地盯着那几个"捣蛋鬼"："你们不许再玩水了！老师说过这是不允许的！这是在浪费水资源！"兴许是被小陈同学的气势镇住了，他们真的停了下来。我说过的话小陈同学都记住了，还自主地管理了这些"捣蛋鬼"，这是一个多么尽心尽力的小助手啊！我上前轻轻拍拍他的肩膀："小陈，你真棒！"

这天，午间谈话的时候，我在班级里大肆表扬了小陈同学的"侦察员行为"，并且正式任命他为班级的"安全行为监察员"。小陈同学上台接受监察员任命的时候，我看到了他比任何时候都端正的走姿，还有嘴角快要咧到眼角的笑容，这溢于言表的喜悦深深感染了我。对孩子们来说，自己的行为受到老师的肯定是多么重要呀！

你看，这个打"小报告"的他也不错，我爱上了这个小侦察员！

静下心来，去发现孩子日常中每一个惊喜的瞬间。

王佳慧

点评

老师的眼睛有一种神奇的魔力——"看到的力量"。当王老师看到小陈同学勇敢地提醒同学不允许玩水，并告知理由后，王老师在班级中表扬了这样优秀的行为，小陈同学深受鼓舞，心生喜悦。在这个过程中，一名优秀的班级管理员就这样培养起来了。一次契机，一种关注，一份表扬，让学生施展了自己的才能。王老师用欣赏的眼光去发现学生、肯定学生、发展学生，让学生成为不断进步的人。

Q 棘手问题：
当遇到行为习惯不好的学生时，你该怎么办？

29 幸福会敲门

吴怡恒

前行的路上，会遇到什么样的学生，他们会有什么机遇，能给我留下什么故事，这些永远充满悬念。

小许是最让任课老师头疼的学生之一，每每提起他，老师们就会不自觉皱起眉头，说："哎呀，这个小许……"最让老师们感觉难办的，就是他怎么教也改不好的行为习惯：他的桌面总是乱糟糟的，杂乱的书、水杯、纸巾是桌面的主角；他的坐姿也千奇百怪，经常以斜躺的姿势靠着椅背，经提醒后，过一会儿又变成一只脚垫在屁股底下坐着；上课时，他总是开小差，最喜欢在书本上画小人……

其实小许很可爱，他情商很高，是一个暖男，总能照顾到其他人的感受。有一次，我在学校加班，办公室门口掠过了一个身影，很快，办公室的门被敲响了。我下意识想，又是哪个小糊涂忘带东西了？几分钟后，关门的声音响起，脚步声越来越近，忽然一个熟悉的声音传来："吴老师！你怎么还在工作！"我抬头望向他，原来是小许，便说："事情比较多，在加班。你来学校拿东西？""是的，外面下雨了，吴老师你走的时候别忘了带伞。"一句关心的话，让我原本被工作搅得一团乱的心情瞬间恢复了："外面下雨，你也……"话还没说完，他便急匆匆走了。

小许的暖心之举太多了，偶尔展露出来的懂事，也让人心软，这让我一直坚信他是能改变的。我该用什么方法来帮助他呢？我发现，他很喜欢聊天，什么都聊，什么都感兴趣，有时候不管其他同学理不理他，他都能让自己聊得高兴。不如找他多聊聊天？于是我们有了一个专属的聊天茶话会。说是茶话会，其实就是他带上水杯，我带上几包小零食，在一个安静的环境中听他说说话。在一次聊天中，我有意把他做得好的地方放大："吴老师发现你今天课桌的抽屉整理得很干净呢，你下次教教小皓怎么样？"我本以为他会自信满满地答应，可我听到的却是："这不算好呢。"接受表扬时，他意外的腼腆，这一下子点醒了我。对于他而言，老师的批评听得多了，一句又一句的批评似乎给他打上了层层烙印，经年累月变成了厚厚的壳，所以老师都觉得怎么教也改变不了他。是啊，壳多一层又怎样呢？反正他习惯了，他是"金刚不坏"。我又回想起往日批评他时，他毫无波澜的回答："好的，老师，知道了。"与之相比，他回答"这不算好呢"的时候，是不是内心的触动更大？他也想变成好孩子的，他也想改变，因为他明白"这还不算好"。鼓励的话或许能成为那

凿子，把他厚厚的壳敲碎。

后来的聊天中，他说得更多了，他说："我知道这不对，但我经常忘记。"如果有人能及时提醒他，做他的榜样就好了。在班级管理上，我们班采用小组管理制，是希望充分发挥同伴的力量，互相督促，共同进步。给他找怎样的同伴至关重要，考虑了很久，我安排了小玲和小轩与他组成小组。小玲是女生，平时比较安静，有着很强的自我管理能力和责任心，我相信她能在管好自己的同时，帮助小许；而小轩是我们班的"卷王"，对自己的成绩要求很高，为了比别人更快完成作业，他一下课就会"卷"作业，也提高了周边一片区域完成作业的速度。正是这"一动一静"的组合，让小许也在各方面"卷"了起来。他对这个小组的认同感很高，也在这个小组中找到了自己的位置，有了归属感。他发自内心地愿意为了小组荣誉改变自己的不良习惯。他收到的表扬越来越多，人也越来越自信。看着他越变越好，我幸福极了。

《班主任微创意》的作者吴小霞老师说过，"要做一个温暖的、激励人心的班主任"。"温暖""激励人心"是多么美好的两个词啊，在未来的班主任之路上，我一定还会遇到很多"小许"，就让这两个词伴我走班主任之路吧。

不轻易否定，不穷追猛打，只做温柔的征服。

吴小霞

点评

"良言一句三冬暖，恶语伤人六月寒。"这句话同样适用于班主任对待学生。不可否认，学生在成长过程中做得不对的地方，需要批评，这样他们才不至于走上错误的道路。但是鼓励和表扬有时候也是一件神器，它可以改变学生的成长轨迹。小许是幸运的，他原本是老师眼中的麻烦生，但是遇到了一个循循善诱的老师，给了他关心、帮助、鼓励，让他变得自信而充满希望，让他有了脱胎换骨的改变。做班主任就应该像这位老师一样，要放下身段，温暖一点，细心一点，以心换心，最终成为学生生命中的点灯人。

棘手问题：
当遇到学生在课堂上睡觉时，你该怎么办？

30 跨出去的脚

姜晓燕

　　上课的时候，我从自己班的教室所在的走廊经过，惊奇地发现教室的后门没有关，往外斜着一只脚，脚上穿的是一双硕大无比的蓝白相间的运动鞋。走近一看，最后一排的座位上，一名男生正趴在课桌上酣睡。这个男生就是这个学期从湖北转学来的小威。小威同学个子很高，坐在教室的最后一排。

　　这节是英语课，他竟然趴在桌上睡觉。我猜他一定是因为听不懂、毫无兴趣才这样的。要说也不怪他，平常他连普通话都说不顺溜，在我的语文课堂上，只要是学习生字、词语，他就万分紧张，因为他永远也搞不懂平翘舌音。英语是要讲基础的，可能以前他在老家，根本没有好好地学过。现在让他跟着大家一起学，他根本力不从心。我没有叫醒他，默默地走开了。

英语课下课后，我去班里找小威。我很直接地问他："英语课上的内容，你听得懂吗？"他摇摇头。我又问："那英语老师布置的作业，你会做吗？"他神情凝重地点点头。我好奇极了，他既然听都听不懂，作业怎么会做得来呢？我打开他的作业本一看：天哪，他抄写的英语单词居然是那样漂亮，像印刷出来的一样，在班级里应该是写得最棒的一个。而其他的题目，他大片大片地空着。一问才知道，英语老师只要求他完成会做的题目就可以了，不会做的不用去做。原来，对于小威同学老师们都给予了最大限度的宽容与理解。

但是我一想到英语课上，他那只在空荡荡的走廊上跨出去的脚，以及公然在课堂上睡觉，我就很担心——这会不会给其他同学造成不良的影响？我应该去帮助和引导他，度过英语学习上的难关。于是我对他说："我以前学英语的时候，老是记不住新的单词，于是我就想了个办法来记住单词的读音。你想不想知道？"他重重地点了点头。我继续说："我就把英语单词的发音，用中文记录下来，比如'student'这个单词的发音，我就在单词旁写上'死丢德恩特'。"刚说完，他就被我带着浓重中文腔的英语朗读逗乐了。他笑了，这就意味着我与他的谈话已成功一半了。果然，他接受了我的建议，开始在英语书上不会念的单词旁，用中文记录下发音。他也变得更主动，会去问同伴、请教老师了。虽然我知道这并不是学习英语单词的最好办法，但是目前也只有这个办法能帮助他。

一天，我路过我们班，又看到了那

只"蓝白相间"的脚，斜斜地跨在教室门外。我一阵紧张，难道他又在睡觉了吗？我急忙走过去一瞧，看到他正在全神贯注地用中文把单词的读音记录下来呢。我松了一口气。我看到了他身上闪闪发光的努力。像小威这样的外来务工人员的子女，他们在学习上有太多太多我们无法想象的困难，需要我们真诚地去帮助他们，从而让他们能很好地跨越过这道坎，开始愉悦地学习和生活。

让爱放慢脚步，丢下浮躁包袱，倾听拔节声音，静候花开。

姜晓慈

点评

姜老师善于捕捉学生日常的点点滴滴，善于从点滴中去观察、思考。她总是带着善意去解读孩子，设身处地地站在孩子的角度去理解他们的行为，而不是感性而肤浅地责骂，因为她知道责骂是无法改变一个人的，唯有爱和关心才能呵护一个人的成长。或许，这就是一种慈悲。慈悲并非仁慈，更不是怜悯，而是心灵唤醒心灵，灵魂激荡灵魂。

辑四
彩虹留言

Q 棘手问题：
当遇到内心自卑的学生时,你该怎么办?

31 爱的孕育

康理哲

　　小相,是这学期刚转来的一名学生,他是因为父母进城务工而转学的。之前由于父母外出务工,他在老家上学,一直是爷爷奶奶照管。可能由于对陌生环境的不熟悉,加上普通话说得不太标准,小相平时内向,还有一点自卑,不太喜欢主动和同学们沟通交流,经常独来独往。

　　那是一个周五,临近放学的时候,突然昏天黑地,电闪雷鸣,下起了雷阵雨,雨越下越大,似乎没有要停的意思。家长们都撑着伞、穿着雨衣匆匆忙忙把孩子们接回家了。校园里慢慢地静下来了,只听见哗哗的雨声。我也打算回家了,临走前想到教室里检查一下门窗有没有关好。刚到教室门口,发现教室里还有三名学生。有两名学生在做作业,问他们为什么不回家,回说父母已经在路上了,马上到学校。小相没有做作业，而是站在了教室后门口，望着走廊外面的花坛，似乎在等谁。他发现了我，连忙低着头回到了位子上，假装看起书来。我看出了他的心思，走到他旁边，拍拍他的肩膀说："小相，放学好一会儿了，你怎么还不回家，是不是没有带伞？"他点点头，不吱声。"爸爸妈妈都很忙？没人给你送伞？"我继续问。"嗯，要晚上十二点才回来。"他抬起头慌乱地看了看我。"这样吧，老师办公室里有伞。你背好书包跟我去拿。"我边说边往门口走。"那，那你怎么回去呀？"他忽然放大声音说。听到他的顾虑，我内心一震，多么善良的孩子呀！"没关系，老师还有雨衣呢，淋不着！"我笑着回答。

　　星期一的早上，当我到教室时，他已经把伞折得整整齐齐的，放在讲台上了。我拿起伞看了看，冲他笑了笑，他也点头朝我示意了一下。傍晚，批改周记时，我竟意外发现了他的周记本——

　　我以为老师们都讨厌我、不喜欢我。今天，我忽然发觉老师对我还是好的。他把伞借给了我，送我到楼梯口，还嘱咐我回家路上要小心，当心车。我真高兴……

　　虽然是短短的几行字，歪歪扭扭的，甚至还有错别字，但让我觉得他的心灵深处是多么缺少温暖，是多么需要关怀。

从那以后，班里一些简单的事，我就让他来帮我做，比如帮我拿作业本，以此来增加我们之间接触的机会。他也渐渐地信任我了，我也经常表扬他。一个学期过去了，他逐渐变得自信起来了，也喜欢和同学沟通交流了，学习成绩更是提升了一大截，和刚来的时候相比，完全变了个人似的。

努力去做，为爱蓄书，站在教师的最高境界。

康正哲

点评

内心自卑的学生特别渴望老师的关注与认可。康老师细心地观察小相的行为表现，了解到小相的内心需求，以借伞为契机，用真心的关爱温暖了小相的心灵，打开了小相的心扉。之后，康老师从小相力所能及的小事着手，增加与他接触的机会，并事事给予正向反馈，逐步增强他的自信心。

帮助学生克服自卑心理不是一蹴而就的，需要老师细心寻找机会，耐心引导，正面鼓励，学生才能以乐观的态度面对生活，直面挫折，不畏不惧，发掘自身潜能。

Q 棘手问题：
当遇到学生不够勇敢时，你该怎么办？

32 背对着的勇气

姜晓燕

　　一次主题为"分享身边的环保故事"的班队课上，轮到小晨同学为大家讲述发生在她身边的环保故事。主持人隆重推出："下面我们用热烈的掌声，欢迎小晨同学上台给大家讲故事。"话音落下了十多秒钟，都没有动静。

　　我们不觉把目光全都转移到了小晨身上。她坐在座位上，垂着头，两只手尴尬地紧握着。12秒，13秒，14秒……小晨丝毫没有上台讲故事的意愿。主持人此时号召起全班同学，打起击掌的节奏，说道："1、2、3、4、5，小晨，我们等你等得好辛苦。"在齐声的呼唤声中，小晨终于从座位上站了起来，走向讲台。我看出来，她每一步都走得战战兢兢。谁都能读出她上台表演的胆战心惊。

　　她好不容易走到了讲台上，环顾着台下每一个同学，又看了看我，试着张了张嘴后，闭上了。同学们的眼睛都盯着她，她在台上干站着。我走到她身边，轻声地问："你怎么不讲故事给大家听呀？"她低着头，声音从她嘴里颤抖着飘出来："我害怕。"我鼓励道："别怕。你只管自己讲故事就好了。"她说："我做不到。我一看到同学们，就害怕。脑子里一片空白。"听到她这么说，再联想到她平时在课堂上从不举手回答问题、难得回答问题也只哭不答的表现，我想了想，对同学们说："小晨同学要给大家讲故事了，不过要请大家帮一个忙，允许她背对着我们讲。好不好？"同学们都心领神会，响应道："好。"就这样，小晨转过身，面对着黑板，背对着同学们，讲起了环保故事。

我站在一旁听着，小晨的嗓音清晰甜美，她的口头表达干净准确。她一边娓娓动听地讲述，一边还配合着故事情节做起了动作。环保故事讲下来，引人入胜。我发现她是一个讲故事的好苗子，只可惜缺少自信。

小晨讲完故事，同学们报以雷鸣般的掌声。主持人说："小晨的环保故事为我们的班队课增添了精彩，我们期待着她下次为我们讲更好听的故事。"小晨望望我，我为她竖起了大拇指。

下课后，我对小晨说："下个星期的班队课，你要继续为同学们讲故事，你好好准备，可以对着家里的镜子练习说故事。"小晨点点头，脸上并没

　　有笑容。看着眼前这个极度缺少自信的学生，我能做的就是给她的成长提供舞台，并不断地激励她："我相信你能勇敢地在同学面前讲故事的。要知道你是班里讲故事讲得最好的。"

　　之后的一个星期里，我在校园的长廊处，撞见过在练习讲故事的小晨，她声音响亮地对着长廊上的一幅画在讲；有时，我在教室外面的花圃里，看到她对着一棵香樟树在讲故事；还有一回，我远远地看见她与她的伙伴小惠在面对面练习讲故事。我没有去打扰她，看到小晨这么努力，我十分欣慰。

　　一个星期后的班队课上，主持人依旧说着："下面我们用热烈的掌声，欢迎小晨同学上台给大家讲故事。"这次，她没有像上一次一样在座位上耽搁，很爽快地上了讲台。"看来，她每天的练习没有白费，她已经拥有了自信。"我在心里想着。

她看了看台下的同学，顷刻间低下头，一声不吭了。我的心一下子凉了。"她还是没有自信，无法克服心里的害怕。"我喃喃自语，"她花了那么多的心血去精心准备故事，我得帮帮她。"

我刚要迈上讲台，想用上次的办法帮助小晨。谁知，主持人喊起了口令："1、2、3，向后转！"瞬间，全班同学齐刷刷地转过身，背对着她。

我被这一幕惊呆了——原来，同学们为了消除小晨的恐惧，在课前商量好了，一等到小晨上台，就相约背对着她，好使她放下紧张，坦然地把故事讲完。"学生们想的办法，真棒！"我低声说道。

我看到小晨的眼里闪着盈盈的泪光，她望着一个个背影，讲起了故事。故事依旧动人心弦，同学们静静地听着……

小晨讲完了故事，同学们转过身来，给她献上了掌声。小晨鞠了一躬，感谢大家，露出小小的、甜甜的微笑。

这样美丽的场景，令人不禁想起作家落雪写的故事《唯一的听众》。故事中讲述的是一名乐感极差的小提琴演奏男孩，羞于自己的乐技，而避开人群前往人迹罕至的小山上练琴。然而一旁的老人装作"聋子"，时常光顾听琴，默默地鼓励着男孩，使男孩恢复自信，不再羞于在人前拉琴。日后每当在人群前演奏时，男孩都会想起当年鼓励自己的老人。书中与书外，一样的境遇，一样的心意，一样给人温暖和感动。

我不知道如果下回小晨再上台讲故事，她会不会继续害怕看到同学们，但我能肯定的是她一次比一次有进步。而我们也形成了默契，给她无限的支持。

一个良性、健康的班集体就应该是这样的：能接纳同学的不足，能源源不断地提供同学生命中需要的安全感，帮助同学挑战自己，寻求进步。

儿童的内心存在着一种向一定方向成长的趋势，这个方向就是心理的健康成长。

姜会燕

点评

从故事中，我们看到了一个充满智慧、有包容心、有凝聚力的班集体在朝着明亮的方向生长。这样的班集体，离不开老师平时的引导。姜老师充分尊重学生的个性特点，俯下身子聆听他们的心声。对于极度缺乏自信的小晨，姜老师给足了她安全感，给予了她成长的空间，尽自己所能给她的成长提供舞台，并不断地激励她。"身教大于言传"，姜老师以自身的实际行动感染了同学们，营造了积极、健康的班级氛围，用自己的教育机智很好地诠释了"教育本就是一门慢的艺术"，文章给人以深思。

Q 棘手问题:
当遇到心理脆弱的学生时,你怎么办?

33 让心"大"一点

胡 静

每个班级里总有一些学生让老师头疼,比如总是打闹的、上课爱讲话的、不写作业的等。今年我在所教的班级中遇到了一个让我"头疼"的学生,她叫婷婷,个子高高的,眼睛大大的,不怎么说话,看起来特别乖巧。

婷婷的位子在第四组的第一桌,第一次进班级上课,我觉得这样的座位安排不太合理,就问了她的班主任,为什么把个子这么高的女生放在第一桌呢?她笑了笑回答我:"你慢慢就知道了。"在这之后,我也真的逐渐了解了其中的真相,婷婷这名女生自我管理能力比较差,她的座位边上总是堆满了她的"垃圾"——课本、作业、餐盘、橡皮泥……而且上课她会做小动作,偶尔找同桌说话,所以老师把她安排在了第一桌,方便上课时候提醒。

婷婷的朋友并不多，不论男生还是女生。我很好奇原因是什么，便问了几个同学，他们的回答几乎都是：她爱哭，容易生气，不敢跟她玩。我想着女生这样也是常有之事。可是接下来的一件事，让我对婷婷有了新的了解。一天放学，婷婷的妈妈打来电话说她女儿被同学欺负了，但是我和班主任都不知道，也就是她和同学发生了矛盾并没有

来跟我们说。她妈妈要求男生家长一起来学校解决，因为婷婷在家哭得非常伤心。作为副班主任的我，自然也留了下来处理这件事。等到双方家长和孩子来到学校，婷婷还在流着眼泪，我们问她在学校发生的事情，她哭着说："和这个男生玩的时候，男生打了我。"我追问："打了哪里？"她说："手，有点痛。"我们转去问男生发生了什么事情，男生说："婷婷跟我一起玩，但是后来我不想和她玩，婷婷一直拽着我，我烦了就打她手让她松开。"婷婷也承认了这是事实。

了解了事情的来龙去脉，我们和家长都觉得这不是很大的矛盾。男生认为这是很正常的事情，自己并没有打疼她，所以没有道歉。而婷婷则认为不应该打她手，很委屈，回家就一直抱着妈妈哭。其实这个小矛盾，只要男生道歉，一般也就过去了，但是男生只在老师和家长面前道歉了，婷婷却说："我不接受这样的道歉，我不想

再和你成为朋友。"对于婷婷的回答，我们都有些惊讶，毕竟同学之间闹矛盾是常有的事情。我和婷婷的妈妈都安慰她，她的心情逐渐平复，最后也接受了男生的道歉。这件事情到此结束了。

可是，在接下来的校园生活中，经常能看到婷婷到办公室来倾诉班级中哪个同学惹她生气了，某某学生吃饭时插她的队了……她妈妈也经常打电话来反映婷婷在学校受欺负了，可是一调查都是很小的事情。我和班主任都觉得婷婷内心太脆弱，应该要让她变得坚强一些。

在接下来的校园生活中，我们叫来了婷婷给她做心理建设，让她不要过于敏感，告诉她同学之间有矛盾是正常的事情。为她找来了学习榜样，学习当别的同学遇到了和她同样事情的时候，别人是怎么做的。婷婷好像发现是自己将事情严重化了，这影响了她和同学之间的感情。她有了态度上的转变，我在班级中表扬了她的进步，越来越多的同学感受到婷婷的变化，逐渐愿意和她交朋友。现在经常能看到婷婷下课和一群小伙伴玩游戏，脸上洋溢着笑容。有一天，我们接到婷婷妈妈的电话，她说婷婷现在像变了个人，每天都很开心，会经常和家人分享在学校和同学之间的趣事。

每个人都拥有一双翅膀，没有人可以折断它，因为命运是自己掌控的，老师是帮助你飞得更高、更远。

胡静

点评

　　碰到"问题"学生确实是一件棘手的事，它没有那么好处理，需要班主任或任课老师去了解、沟通与化解。在面对婷婷这样一个过于娇嫩、习惯性怨人的小女生时，故事中的胡老师花了很多时间与心思进行了个别化的关照。在与家长的沟通中，胡老师言辞恳切、循循善诱，说服了倔强的婷婷；在面对其他的"不足挂齿"的小矛盾时，胡老师通过运用榜样示范、摆事实讲道理等方法，让婷婷的心理变得更加强大，并教会她如何正确面对生活中的小摩擦。

Q 棘手问题：
当遇到学校安排你去顶课，学生有怨气时，你该怎么办？

34 没有一颗星星是多余的

姜晓燕

体育老师吴老师外出培训，学校教务处安排我去顶课。一进教室，学生们都连连叹气："唉，吴老师怎么不来给我们上课？……唉，姜老师给我们上课，该不会上的是语文课吧？……唉，最喜欢的体育课，看来要泡汤了……唉……唉……"

我站在讲台上，等学生们"唉"完，一句话都不说，只用眼睛看着每一个学生。当我的目光与他们接触后，他们终于安静下来了。我对他们说："你们这样唉声叹气，我早就猜到了。但是，我今天要给你们一个惊喜……"他们立刻追问："什么惊喜？"我说："今天，我给你们上体育课。"他们瞬间哗然："太不可思议了……姜老师，你太棒了……"等他们喧哗之后，冷静下来，一个个眼神中充满了疑惑和怀疑："姜老师，你没有骗我们吧？我们只见过你教语文，从来没有见过你教体育呀。你不会是骗我们的吧？"我郑重其事地对他们说："今天我真给你们上体育课！"我以为他们会欢呼，可是他们却一点反应都没有。

怎么了？看来，我作为一名语文老师的形象太根深蒂固了。我对他们说："我读大学时，是学校长跑队的。我年年参加学校运动会，曾经获得过金牌一枚、铜牌两枚。1998 年，我还参加了西湖马拉松赛。"学生们来兴趣了："马拉松赛你有没有获奖？"我诚实地说："没有。"他们说道："跑马拉松赛的运动员都是很瘦的，姜老师你太胖了，所以你拿不到奖牌吧？"我被他们的话语逗乐了，说道："好吧，我承认我胖，但是我爱运动。今天，我们就来一场 800 米赛跑。我跟你们全部的人比，谁能跑赢我，今天放学后我陪他打羽毛球。"学生一下子欢呼雀跃。

我们来到了跑道上，各就各位，我站在队伍的最后面，用口哨发令："预备，跑——"学生们浩浩荡荡地跑起来。我的耳边响起"踏踏踏"的跑步声，这响亮的声音，让我的心跳也跟着加快。

我从队伍的最后面，渐渐地超过一个个学生。他们见我超过了他们，一边跑一边喊："加油！加油！加油！"事实是，我轮番地超过了大部分学生，400 米跑下来，只有七八个学生跑在我前面了。我朝前喊着："我追上来了，你们怕了吧？"他们回应道："谁怕谁呀！加油！"他们在我的前后方跑着，时而加速跑到我前面去，时而因为体力不支，又落到后面去了。但是，我佩服他们的勇气，他们一直咬牙坚持在跑。

在跑了 700 米的时候，只剩下三个学生还能跟着我跑了。我对他们说："调整好呼吸。注意吸气—呼气—吸气—呼气—"他们气喘吁吁地说："姜老师，我们会超过你的！你就等着陪我们打羽毛球吧。"好有志气！

"那好吧，我加快速度了，看看你们能不能超过我。"说完，我迈开了脚步，加快了手臂的摆动，和他们拉开了距离。想甩开他们，还真不容易，他们马上追了上来。三个人空前地团结，从左、中、右三边包抄上来。突然，其中一名个子最高的男生，抢到我前面去了，我被夹在了中间。就在这一刻，我感到右脚后跟一阵疼，接着感到自己的鞋子似乎被踩掉了。我停下脚步一看，果然是——鞋子被学生踩掉了。我蹲下身，把鞋子的后跟弄好。三个学生趁此机会，开足马力，冲向终点。

我看到他们在终点为胜利蹦跳着，嘴里高声喊着："我们赢了姜老师——"我弄好鞋子，朝终点跑去，对他们说："愿赌服输！"

此时，他们中的一个，上前来对我说："姜老师，刚才是我在跑步中不小心踩了你的鞋子，对不起！"我笑着说："没事。"他接着说："我们没有赢！"另外两个学生说："是的。我们没有赢！"

这时，所有的学生都跑上来了。他们把我们四个人围成了一个圈，场面静极了。

我环顾学生，说："你们都赢了！你们看，800米赛跑，大家都跑完了全场，没有一个是中途退缩的。这坚持不懈的本身，就证明你们赢了！"

有学生说："姜老师，你夸奖我们，我们觉得好难为情。以前，我们上吴老师的体育课，都是不好好学的，经常破坏体育课的纪律。

今天，是我跑步最认真的一次。"

有学生说："我今天第一次看到姜老师跑步，你跑步的姿势跟我在电视上看到的运动员的姿势是一样的。原来语文老师的体育，也会这么好。我也要好好锻炼。"

还有学生说："姜老师，你让我知道了，除了语文、数学成绩要好外，体育、音乐、美术等也应该全面发展。"

我听着学生们的话，仿佛看到夜空中一颗颗星星在闪亮。没有一颗星星是多余的，它们都有自己的轨迹与光亮。

我们必须站在儿童的立场上，以儿童为出发点。

姜晓蕊

点评

主科老师被教务处安排顶课，这恐怕是学校里的一个常见现象。绝大多数学生会因为错过了体育课而唉声叹气。故事中的姜老师早已对学生的反应做了预判，并有自己的相应办法——和学生进行 800 米赛跑。通过赛跑，姜老师不仅让学生学会认真对待体育课，还走进了学生的心灵。

Q 棘手问题：
当遇到学生在课堂上"坐不住"时，你该怎么办？

35 "多动"也可以"多学"

孙娟慧

下课回到办公室，我还没来得及喝口水，就对上了一双心虚的眼睛，眼睛的主人小高同学低着头，正坐在英语老师的办公桌旁。一看这情况，我不免头疼：这是又闯祸了。

刚接手这个班级时，前任班主任就告诉我，小高同学一直是个小"调皮蛋"，她把小高同学当成儿子带。我拍胸脯保证：那他也是我的"儿子"了！

开始的时候，每每想到他，我就会头疼：上课的时候，他总是斜着身子靠在椅子上；每次叫他读课文，他都找不到句子在什么地方；他的座位上总是有那么多的纸屑，他的书桌总是那么的凌乱；早上刚进教室时，衣服还是干干净净的，到了放学，衣服上一道道水笔的痕迹清晰可见，有时痕迹还会出现在他的脸上；他的字迹总是那么凌乱，错别字多得让你数也数不清；课下他总是会把自己的小手弄得脏脏的。

在他身上，我下了很多功夫，批评教育，给他辅导，可是他就是他，不曾做改变。

我想我必须坚持，我要用我的行动告诉他，我很看好他。课上，当他坐得歪歪扭扭的时候，我会幽默地说："上课太累了，老师也理解，我还可以提供躺椅哦。"大家都觉得很好玩，他也笑着坐端正了。当他把书端正地拿好坐好后，我就会及时表扬他。

课下，我会耐心地帮他辅导他没有记住的知识，跟他强调上课的纪律，提醒他注意个人卫生。几乎每天我都会对他说："在老师心中，你非常聪明，只要你集中注意力，就可以做得很好，相信我。"

后来，他主动告诉我，其实他也想做个认真听讲的好孩子，他不知道自己为什么老是走神，也不知道自己在想什么。在与家长沟通的过程中，我发现家长也很重视小高"多动"的情况，在家也特别努力地改变孩子的习惯，小高也特别努力地在改变自己。

从此，我和小高定下一个约定，他先试着每天提醒自己上课要坐端正，下课要文明休息，注意个人卫生……我会在课下多多提醒他，也会每天都关注、关心他的一切。

就这样我们俩共同努力着。有一次，因为他的提醒，班级被加分了！我在班级里隆重地表扬了他，大家都为小高送上了自己的掌声，他的脸上露出了幸福的微笑。

小高教会了我，作为班主任，更应该耐心地去开导学生，循循善诱，做好学生的思想教育工作，让他们从根本上去改正错误。其实很多的教育方法大家都会，但教育却屡屡失败，原因就是你没有耐心。有个成语叫"功亏一篑"，说的就是这个道理。

教育不是一种强行的改变，而是心与心之间的交流。

孙娟慧

点评

常言道："一日为师，终身为父。"特别感动于孙老师将小高同学视若自己的儿子。对于小高同学，孙老师采取了正向激励的措施。课上，她给予小高更多的关注，以幽默的语言来帮助小高调整上课状态；课下，她不仅在学习上帮助小高辅导功课，在生活中更是给予关心。孙老师善于发现学生身上的闪光点。当小高取得进步时，她会不吝赞美，及时表扬。此外，她还非常重视家校沟通。孙老师用爱心拉近了和学生之间的距离，用耐心和细心呵护着孩子的健康成长。

Q **棘手问题:**
当遇到学生没有朋友,总是孤孤单单时,你该怎么办?

没有朋友的 "灰王子"

姜晓燕

　　我发现他在我们班里,是一个没有朋友的孩子。他孤单得像一只鸵鸟。真的觉得好奇怪,一个小男孩,怎么会连一个朋友都没有呢?对于刚接手的这个四年级(2)班,他是最令我感到惊奇的一个孩子。

好怪的小立

　　他,叫小立。他说话的声音好轻。我猜想他可能孤独得太久了,才会如此低声说话。我本想找他谈话,但考虑到他的性格,因此放弃了。可小立的事情,一直困扰着我。出于教师的良知,他的事情很让我牵挂——我很希望自己所教的学生是很阳光的,至少心里要有一点光。因此,我在下课时,特意去找了他周围的同学聊天,旁敲侧击。

同学们一说起小立，总是忍不住地大笑。而且这笑中，我感觉有种异样的东西。大家为什么要笑话小立呢？

他们异口同声地说："他是个'灰王子'，从不洗澡，可脏了。"

"就这个原因？"我追问道。他们拼命地点头。

就因为不洗澡，小立没有朋友，那太好解决了！

——我让他回家后马上去洗澡，就行了。

我这样想着，走到小立身边。果然，我看到他的脖子上都是污垢，两只耳朵背后结满了黑色的厚厚一层的脏东西。怪不得大家不愿意和他做朋友。于是，我对他说："小立，今天你回家后有一项作业，那就是好好去洗个澡。"他用大大的眼睛看了看我，没有说话。我看到他的睫毛上粘着眼屎。我无法想象他早晨起床都干了些啥，又不能明说，怕伤了他的自尊。我只能帮他把已经干燥的眼屎用手指揭下来，放在他的手心里。我相信他是个聪明的孩子，能懂。

他洗得很特别

早晨，我一到学校，就去看小立。他穿了一身绿色的 T 恤衫。我问他："换干净衣服了？你昨天回家后洗澡了吧？"他点点头。我伸过头去看他的脖子和耳朵，不禁惊讶：上面的污垢还在，根本没洗。看来让他洗澡并不容易，毕竟他的"灰王子"的绰号得来已久。

我装作若无其事的样子，问他："你洗澡的时候，脖子和耳朵背后，有没有洗呀？"他扁着嘴巴，伸出了舌头，却没说。"你洗澡是自己洗的吗？耳朵背后如果看不到，可以让你妈妈帮你洗的。"

我对他说。他此时轻声地告诉我："我妈妈是上夜班的。没有空给我洗澡。"他说出了很重要的信息。我不禁深深地同情起面前这个缺少妈妈陪伴的孩子。我对他说："那你昨天回家是自己洗澡、自己换衣服的？"他告诉我："我是'干洗'的，只用毛巾把全身擦了擦，没有用水洗。"我恍然大悟。

送他一块美白香皂

中午的时候，我把小立带到学校的卫生间里，用毛巾给他洗了脖子和耳朵后面。那里的污垢已经积得很厚很厚了，我搓洗他的皮肤，得用力地搓，才能搓下一条一条的污垢来。他稚嫩的皮肤，被我这么一洗，立刻变红了。我关切地问："搓疼了吧？"他咬着牙齿，摇摇头，说："老师，你帮我耳朵后面洗干净点，这样大家都不会嘲笑我了。我忍得住疼。"当我用一双手亲自去接触一个孩子的身体，他的心灵世界也打开了。他需要的其实不是一条毛巾，而是一个给他递毛巾的人。

把脖子和耳朵背后洗干净之后，我对他说："你今天回家后用我给你洗脖子的方法，用热水和香皂把自己全身上下彻彻底底地洗个干净。不要再'干洗'了。"他说："我知道了。"我把替他洗脖子时用过的一块香皂，用盒子装好给他，并指着香皂盒，说："你瞧，这香皂有美白功能。明天你可要变成'白马王子'来上学哦！"他朝我笑笑，眼睛放着光。

第二天，小立破天荒早早地来上学了。他一见我，把一包用油纸袋装的东西递给我。我好奇地打开来一看：是我昨天送给他的香皂啊！他怎么还给我了？他突然撩起了衣服，露出肚皮，丝毫没有害羞的样子，说："老师，你看看洗得干净吗？"我忙很认真地"检查"了一遍，说："很干净。我还闻到你身上香喷喷的呢。哈哈，是正宗的'白马王子'啊！"

他笑了。听我这么一说，其他的同学都围拢过来，聚在小立身边，用小鼻子闻起来："真的哎，小立身上好香啊。"我清楚地知道，那香味不是我送给他的那块香皂发出来的，那是一种淡淡的薰衣草的味道。

不管那香味是怎么来的。我高兴地看到小立在变干净，有同伴在靠近他。充满爱的教育是芬芳的。这教育很简单，就是一块香皂而已。

了解儿童，理解儿童，让他们感受慈母般的关怀，成为幸福之人。

姜晓燕

点评

故事中，姜老师把小立从"灰王子"改变成了"白马王子"，方法似乎很简单，一点儿也不困难。可是，有多少老师一定能把这件简单的事做到位，答案恐怕会不尽如人意。都说教育是捧着一颗心来、不带半根草去，真正捧出一颗心，用自己的爱去温润学生的心灵，知易而行难。我们只有去观察学生、了解学生、帮助学生，把大写的"爱"传递给学生，教育才会真正地走进学生的心灵。教师育人，从此心到彼心，心心相融，不需言语点缀，能以行动明志，此谓"人师"也！

Q 棘手问题：
当遇到学生没有正确的交友方法时，你该怎么办？

37 深刻的"故意"

姜晓燕

"姜老师，小毅踩了我一脚！"我在批改作业，班里的小宁跑来办公室向我报告。我对小宁说："小毅一定不是故意的，你原谅他吧！"小宁点点头，继续去踢她的毽子了。没过多久，小莉也来报告同样的事情："姜老师，我的脚被小毅踩了两下。"我也同样地告诉她："小毅一定不是故意的，你原谅他吧！"但是小莉并没有消气，她振振有词地说："不，小毅是故意的，他明明看到我站在他面前，他还是故意走上来踩我一脚，然后做着鬼脸跑开的。我的脚被踩得可疼了，我不能原谅他！"小莉抬起脚来，给我看。

"哦，是这样啊。那老师帮你揉揉，你原谅小毅，好不好？"我蹲下身去，小莉忙把脚缩了回去，说道："那好吧，我原谅小毅了。"我听出来，她的话语中有很大的委屈。

我放下手中批改了一半的作业，打算去找小毅。小毅是这个学期转学到我们班的，他去年是跟随父母在广东读的书。他来我们班那天，我请他进行自我介绍，他说了一口带广东方言的普通话，听得我们笑得肚子疼。我没有想到，小毅面对大家的笑声，居然哭了。那是一种不被理解的眼泪。他的眼泪，让我看了很心疼。我立即制止了大家的笑声，并用掌声欢迎他加入我们班。

如今，一个月过去了，他在我们班生活得并不好，差不多每天都有学生来告他的状，就像今天一样。我不知道对他说什么好，该教育的在过去的一个月里说得够多了。我想我应该去找他，和他当面沟通。

走到教室门边，我远远地看见让我揪心的一幕：小毅真的在踩班里女生小彤的脚，而且是看着别人的脚踩上去的。被踩到的女生小彤，瞬间哭了。他却在一旁若无其事地笑着。我立马冲上去，大喊道："小毅，你怎么能这样做？"听到我疾风骤雨般的呵斥声，他低下了头。

我让被踩的小彤先回座位休息。我深呼了几口气，平复自己的心情，提醒自己不要冲动，要有耐心。我从口袋里摸出一包面巾纸，递到小毅的面前说："知道要让你去干什么吗？"他抬起头，看看我，摇摇头，说："不知道。""你去把这包面巾纸给小彤，让她把眼泪擦掉。如果她不要，你就亲自给她擦眼泪，直到把小彤哄笑了为止。快去！"

小毅慢吞吞地接过面巾纸，很不情愿地向小彤走去。我隔着玻璃窗注视着一切。正如我所料，小彤把小毅递过去的面巾纸给推掉了。接下来，就要看下一步：小毅会不会给小彤擦眼泪了。

事情的演变是：小毅没有给小彤擦眼泪，而是折回来把面巾纸还给了我。我也学小彤的样，拒绝道："快去给小彤擦眼泪，擦不好不准回来！""姜老师，给小彤擦眼泪，我不敢！"小毅为难地说。"你连小彤的脚都敢用力地踩下去，替她擦个眼泪怎么会不敢呢？"我反问他。他哑口无言。

"那你告诉我，你为什么要故意去踩同学们的脚，你知道被你踩到的人有多疼吗？"我问他。"因为他们不愿意跟我玩，我都没有朋友！"他从嘴里吐出几个字来。

原来是这么一回事。他只是想用踩别人脚的方式，来引起同伴对他的注意。他是一时间找不到更合适的方法，就用踩别人脚的"蹩脚方法"。要我说他什么好呢？但是回过头来，设身处地地想想：谁一开始学习与人相处的时候，不是笨笨的呢？

"小毅，用踩别人脚的办法去交朋友，这是最'烂'的办法。我教你一招，保管灵，你要不要听？"我故作神秘地说道。"姜老师，我愿意听。"他诚恳地说。"你用面巾纸折朵百合花送给小彤，她一定会喜欢的。我知道你是'折纸达人'！快去！"我对他说。"这个我拿手，比给小彤擦眼泪好办多了！"他笑着说。

我们能想象到小毅用纸做的百合花修复友谊的美丽结局。小毅的事情，让我想到学生在生活中的交际能力是需要我们用心地去培养的。我们往往关注学生的学习比较多，而对他们内心对友谊的渴望关心甚少。当他们在交友过程受挫的时候，我们就是他们的指路人，不仅要指路，还要把"走路"的方法告诉他们。

在小毅纸花的影响下，班级里掀起了一股送纸花热。明媚的友谊，在照亮这片天空。

培育儿童就是培育着未来．

姜必芝

点评

首先，姜老师的情绪处理做得很好。当亲眼看到小毅用脚踩小形时，姜老师采用调整气息和心理暗示的方法及时控制住了自己的情绪。可以想象，如果老师带着气愤的情绪去处理事情，结局就不一定会那么美好。其次，姜老师在遇事时能冷静分析原因，知道小毅踩同学脚是想让同学和他玩，出发点是可以理解的，但方法不对。这为后面姜老师巧妙地解决问题埋下了伏笔。最后，姜老师在处理事件时关注学生心理，让小毅给小形纸巾或者帮她擦眼泪，关注了女生委屈的心理；教小毅折纸花给小形时，发挥了小毅的长处，同时也减轻了小毅的心理负担。以上这些都得益于姜老师平时对学生的关注、了解以及对他们心理呵护的初衷。

Q 棘手问题：
当遇到学生的"叛逆期"时，你该怎么办？

38 弯下腰，蹲下身

孙娟慧

"老师，我感觉我们家孩子进入'叛逆期'了，说不得，骂不得。"

"老师，我们家小 Z，我说她几句，她就冲我发脾气。"

"老师，我们家小 X 已经不听我的话了，说什么都顶嘴！"

……

六年级的学生自主意识已经非常强了，有时候父母和老师的话他们是"左耳进右耳出"。

一次，我外出教研，听课时接到了副班主任的电话。

"小齐同学上课不听话，我教育他，他不仅不服气，还发脾气！"我心中一急，唉！小齐同学的"牛脾气"又犯了！

我匆匆赶回学校，把小齐同学叫到一边，轻声问道："小齐，你怎么了呀？跟孙老师说说好不好？"可任凭我怎么问，怎么引导，

他都"岿然不动"。

他的脾气可是"出了名"的，只要他不愿意，谁都没办法让他开口。

我打算采取"怀柔政策"——接下来的日子，只要他取得点滴的进步，我都会进行鼓励。

过了几天，他终于愿意跟我说出实话：同桌在上课时跟他说"悄悄话"，他觉得烦躁就扔了同学的书，没想到被科学老师发现并批评了他，他觉得很不服气，就顶撞了老师。

"那你觉得自己在这件事中，有没有做得不恰当的地方？"听完小齐同学的话，我小心翼翼地问他。

小齐同学沉默了好一会儿，红着脸说："老师，如果同学在上课时打扰我，我应该求助老师，而不是直接扔了同学的书。"

我心里大喜，他开始正视自己的错误了，我赶紧"趁热打铁"："你能反省自己的错误，老师真的为你骄傲，你是一个好孩子。希望你以后在课堂中遇到这样的事情，能信任老师，去求助老师。"

小齐同学迫不及待地说："还有，还有，老师，我知道我不该顶撞科学老师，老师教育我上课要认真听讲并没有错。"

我简直太惊喜了，没想到我还没有引导，他就能主动承认自己的错误，还说出了以后改进的方向。小齐同学在我惊喜的鼓励声中说："老师，谢谢你，没有批评我，也没有因为我的'沉默'而生气。你总是表扬我，鼓励我，让我觉得你很尊重我，我愿意告诉你我的心里话。"

是啊，学生们多么想要老师弯下身子听听他们的心里话啊！他们多么需要老师和家长的尊重啊！

小齐教会了我，作为教师，我要正视学生的差异，对于他们身上所谓"不听话"，我们要从关爱的心态出发，对他们晓之以理、动之以情，认真去倾听他们的所想，尊重他们，用人格的力量去感化他们。

允许孩子犯错误，是一种胸怀，更是一种教育艺术。宽容本身就是一种教育力量。

孙娟慧

点评

"俯首甘为孺子牛。"从一定程度上讲，教师这个职业因学生的需要，才能让自己的价值最大化。那么，更好地服务学生，自是应有之义。故事中的教师尊重学生的心理，允许他们犯错误，并善待犯错误的学生——多一些宽容，少一些责备，是教师胸怀和气度的体现。孙老师是一位懂得宽容和爱的老师，因她的宽容和关爱，班里的"孺子"于是"浪子回头"。用一颗博大的爱心去铸就教育的成功吧，请坚信宽容里的教育力量！

Q **棘手问题：**
当遇到班里遭遇传染病而士气受挫时，你该怎么办？

39 彩虹留言

姜晓燕

　　班里突然暴发了急性细菌性结膜炎。星期一，三十九名学生中就有三个人受到了感染。看着空空荡荡的座位，我一边配合校医对教室进行消毒，一边在心里祈求着：别再让另外的学生受到感染了。可是事情并没有朝我期盼的方向发展，反而更糟了——第二天，受感染的学生增加了三个；第四天增加了五个……到星期五的时候，有十一名学生受到了感染。看着班级里日渐减少的学生，教学已无法正常进行，只能中断，安排些复习类的课。教室里失去了往日的欢笑，被疾病阴影笼罩下的教室，一片死气沉沉。

　　第二周的星期一，我早早地来到教室，开窗通风。在教室门口迎接学生们来上学的时候，我突然发现小月同学居然来上学了。我关切地问她："你结膜炎康复了吗？"小月告诉我："医生说我的结膜炎已经痊愈了，可以来上学了。"我欣喜极了。听到她康复，我心里有说不出的高兴。我对她说："太好了！"小月是班级里第一批受感染者，由于她感染的程度较轻，因此康复得很快。她的到来，使我一直处于愉悦之中。我把这份喜悦用粉笔在黑板上表达了出来。我在黑板的右下角开辟出了一块小天地，在上面画上了一道彩虹，并附上了留言：欢迎小月同学康复后来上学，大家都很想念你。教室里的气氛开始明朗起来。我发现自己作为一名教师，有责任用一种最阳光的心态来引导学生们度过疾病带来的灰暗期。我想，教育的最高境界是人对生命充满敬畏和爱惜。我想借助这方小小的"彩虹留言"，教他们学会爱。

小月的康复给了我信心，虽然还是陆陆续续有学生受到感染，但是感染的速度已降了下来。最令人开心的是，星期三又有一名学生返校读书了。我在"彩虹留言"处写道：特别欢迎小伦同学回校，请大家伸开友爱的双手，帮助他把落下的功课补上。大家看到了我的留言，都主动地去帮助小伦同学辅导功课，教室里一片互帮互助的温馨景象。我没有想到小小的留言有如此巨大的力量，它让班级向着良好的方向发展。我看到了他们身上表现出的众志成城、共渡难关的积极行动力，是那样的可贵。

学生的齐心协力给了我莫大的力量，我也意识到自己可以为了学生做得更好。我在"彩虹留言"处继续写着："勤洗手，不擦眼，讲卫生，身体棒。"这次结膜炎暴发

的事件，让我领悟：我们平时在学校里更多地把目光投注在学生的学习成绩上，对于他们的身体情况关心得实在太少了。其实，有什么比有一个好身体来得重要呢？"彩虹留言"提醒学生学会照顾好自己，关心他人。在大家的共同努力下，班级内的结膜炎得到了控制。受感染的学生也渐渐地康复并回到了班级。看着班级里又恢复了热闹，恢复了生机，我真切地感受到：原来在我的心里，每一名学生都是那么"重"。我一一与回校的学生握手，一一抚摸他们的小脑袋，一一问候他们。当全班人到齐的那天，我在"彩虹留言"处写道："三十九个人，三十九朵花，我爱你们。"大家看到了，乐了。我们像久别重逢的亲人一样，激动万分，感慨万千。

"彩虹"，寓意着希望。是的，在班级管理中，我们就是要怀抱着灿烂的希望。无论遇到怎样的困难，只要心中有希望，就一定能走出困境，迎来彩虹的微笑。有一首歌唱道："几许沧桑含在眼里，看那太阳初升的美丽。""彩虹留言"，让我们学会了乐观，学会了关爱。我们将把这彩虹留言一直在黑板上保留下去，为的是保留我们班三十九个人共同拥有的那份珍贵无比的"爱"。

和学生在一起，有无数个想忘记的昨天。

姜晓芝

点评

有人说："信心比黄金还可贵。"在急性结膜炎肆虐的时候，姜老师借助小月同学病愈返校的契机，在黑板右下角开辟出"彩虹留言"，扫除了病情传播带来的阴霾，不仅给大家带来了信心，而且传播着师生情、同学情，让爱借着这一方小彩虹流进每个人的心里。生活中不缺乏美，也不缺乏爱，而是需要有人去发现、去传播，姜老师在这里就起到了很好的激发作用。

Q 棘手问题：
当遇到学生发来短信向你诉苦时，你该怎么办？

40 午夜短信

姜晓燕

"滴滴滴，滴滴滴"，放在床头的手机响了。听声音，应该有短信。

已是深夜的十一点左右了。我打开手机一看，果然有一条短信。上面写着：姜老师，我睡不着。

电话号码很陌生，我手机里没有保存联络人的号码，仔细看内容，应该是班上的学生发给我的。作为一名班主任，我保持着应有的警觉，便马上起床去抽屉里找班级电话联络簿。一查，才知道短信是小蕾同学发来的。小蕾是我们班里一名学习成绩很出色的学生，有着百灵鸟一般的动人歌喉，温柔善良，大家都很喜欢她。她怎么会睡不着的呢？有什么心事吗？

我回复了一条短信：教你一个很快入睡的方法，钻进棉被，拿本书，看看书，你很快就会睡着的。我把这根本"不灵"的办法告诉她，极度心虚。作为一名老师，我常常感到很无奈，苦恼于自己没有更好的办法可以教给学生们，更自责于自己的能力有限。

信息发出去后，我不时地看手机。既期待小蕾看到短信后，能试着照此方法去做做看，就此入睡；又期待着她能回信，与我分享她的感受。大约三分钟后，小蕾果真发来了短信："姜老师，我失眠是因为担心明天的模拟练习，看书根本解决不了问题。"原来是这样啊！小蕾和其他孩子一样正面临着六年级升初中的毕业考，我能猜想到她的爸爸妈妈给她的压力，以及她对自己的高要求，这使她辗转反侧，夜不能寐。

该怎么帮她呢？

回想自己的小学生涯，以及那时候在六年级的学习。有时候，自己遇到成绩考差了，心情会难过好几天。那时，我就会一个人静静地去校园内的树林里走走，散散心。自己在一次次的挫折与失败中，慢慢地学会了总结教训，调整自己的学习心态。假如，我现在对小蕾说："你去屋子外走一走，把模拟练习的事情忘掉吧！"这显然是不合适的。人生有很多时候，心里的想法是无法用精准的语言来表达的。我呆呆地望着手机屏幕上的短信，一时不知道该如何作答，犹豫着，手指在手机的键盘上想按又没有按。

"放下包袱！"我打了四个字，踌躇了一会儿，添加了四个字："勇者无惧！"

信息发出去后，就是等待了。小蕾看到这八个字，会怎么想呢？她能明白我对她的安慰和鼓励吗？我在心里想着。现在的孩子从小就背负着沉重的压力，为他们的心灵减压、减负，是最重要的。而旁人只有"提示"的份，真正"放下"，还是要靠学生自己去反复地练习。

"我知道要勇敢，但是我还是害怕。"小蕾立刻回复了。看来，她还没有说服自己。恐惧，这种内心里的黑暗，它时时盘踞在我们的心底，只有战胜自己，勇敢面对，才能无所畏惧。

"害怕，你就喊出来。喊一次如果不够，就多喊几次！"我的脑海中做出如此的反应。这是我前几天在奥修大师写的书中见到的方法，书中说："心里有'鬼'，就喊出来。"我把它介绍给小蕾，希望能帮到她。

这次的等待是漫长的，虽然实际仅有短短的十分钟左右。小蕾发来了短信："我喊过了，好多了。我喊的是我不怕。"看到短信中的笑脸标志，我的心轻松了很多。练习调节自己的情绪，它很多时候比考试得一百分还重要，她的EQ的提升，是会为生命提质的，这是无价的成长历程。

"放松心情，微笑入眠。晚安！"我把美好的祝福送给她。我惊喜地发现，在帮助小蕾的同时，我自己也得到了治愈。

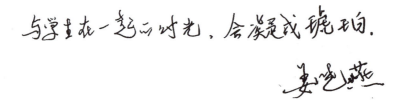

与学生在一起的时光，会凝成琥珀。

姜晓燕

点评

　　作为老师，由于年龄阶段和所处的时代不同，有时我们很难和学生感同身受，但我们可以试着将心比心。当学生遇到困难向我们倾诉时，像故事中的姜老师一样将自己的人生经验或者从书中学到的方法告诉学生，虽然不一定有立竿见影的效果，但一定会让学生感觉到被关怀、被温暖，让他知道老师一定会是他最坚强的后盾。当你真正想帮助学生时，学生一定会从你的行动和语言中感受到。最不容易解决的问题往往需要我们用爱去化解。朴实的道理，需要行动。

辑五
春风化雨

Q 棘手问题：
当遇到全班大部分学生的书写质量不高时，你该怎么办？

41 幽默是有效的工具

姜晓燕

在班级管理中有很多的艺术，而我们做教师的常常疲于应付繁重的教学任务，反而忽略了这一点。比如针对班级中出现的一些不良情况，我们第一个反应往往是大声斥责，但是假如我们讲究些处理问题的艺术，也许就开辟了一个新的天地。

记得那天，我布置学生抄写《美丽的小兴安岭》课文中的词语，并嘱咐大家："请把每个字写得像兴安岭中的小野花一样漂漂亮亮的。"要知道我们班大部分学生的书写质量都不太高。

五分钟之后，班里的小杰同学突然走上讲台，对我说："老师，我抄好了，请帮我批一下。"我第一个反应：抄写得这么快啊！看看下面的学生都还未完成。我拿起笔正要批改，却看到小杰同学的词语抄写得潦草极了。我气不打一处来，心想：抄写之前还叮嘱过大家要把字写漂亮，他竟然把我的话当耳旁风，只图速度写得快，作业质量太差了。得让他重新抄写一遍……话正要冲出口，我立刻咽了回去。我灵机一动，对他说："亲爱的小杰，你是不是住在火星上？很遗憾你写的火星文，我这个地球人老师一个字也看不懂。"我边说边把本子递给他看。听到我把他的字叫成"火星文"，他忍不住"扑哧"一笑，继而羞得满脸通红。我语重心长地对他说："请把本子上的'火星文'改成地球上的中国字，注意要写得端正、清楚。"

只见小杰同学拿着本子很快地回到了座位上，用橡皮小心翼翼地擦掉了本子上写得难看的字，然后进行订正。我走到他身旁，看到字写得比先前端正了很多，摸着他的头，鼓励道："好样的地球人，写得不错！"他又乐了，继续认真地写。在临下课前，他终于把词语抄好了，再次拿给我来批，我盯着作业看了好久，然后握着他的手说："欢迎你，回到地球！"说完，在他的本子上打了一个鲜红的"100"分，还在旁边画了一朵小花。

他看着这个大大的一百分，又看看我，欢呼着喊了一声："耶——"这包含着胜利的欢呼，给了这个经常挨批的学生一种莫大的成功感。在这以后，他和"火星文"慢慢地说拜拜了。我为小杰的进步而高兴，也为自己在这件事中表现出的幽默而欣喜，我深刻地感受到：幽默的确是教师在教育中很有效的工具。幽默可以缓和迅速升级的事态，可以减少紧张并使学生发现老师是一个关心他、希望他进步的人。

从小杰身上，再辐射到其他同学的身上，在"幽默"这种催化剂下，学生的书写质量渐渐地得到提升。

　　在美国教育界有一本很流行的书，叫《新任教师完全手册》，在书中它总结了一名成功教师所应具有的气质，那就是：①公平感；②始终如一的作风；③应变能力；④积极态度；⑤对自己和学生的高度期望；⑥幽默感。前三条促使我们的日常教学实践更具技巧性，后三条则会成为我们教师个性的重要组成部分。而这些，只有通过亲身的体验、实践、尝试才能获得。所以我们可以把每天自己与学生之间发生的那些琐碎的小事当"练兵场"，让自己去不断地学习，积累教学的艺术与人生的智慧。渐渐地，我们就会发现学生由于觉得我们的课越发有趣而越发喜欢听讲，学习也更有劲头。我们也只有掌握了幽默这个工具，才会真正开始体会它的好处，同时发现教育是富有回报和值得付出的。

紧贴着儿童的心。

姜晓燕

点评

　　管理学生不是简单粗暴的责骂和处罚，而是一门艺术。尤其是学生犯错时，更需要老师运用智慧去解决问题。幽默的态度和语言无疑是很好的融化剂，它能融化学生犯错时的防御心理，融化学习中产生的顽固问题。如果说简单粗暴的批评与惩罚是冰冷和痛苦的，那么，幽默与鼓励则是温暖和幸福的，让人乐于接受，牢记于心。让我们用好"幽默"这一温暖的工具吧，快乐他人，更快乐自己。

42 先走进

孙依宁

　　管理班级，每位老师肯定有自己的方法，可能是在班级纪律方面，可能是在班级卫生方面，也可能是在班级凝聚力方面。但是一个班级良好的班风，是需要长期的积累、磨合才能形成的。

　　"快速管理好"新接手的班级，在我看来，这个命题其实是非常困难的，甚至是很难完成的。

　　我有过两种新接手班级的经历：两次接手一年级新生班级；时隔一年，再次接手自己曾经带过的班级。

　　接手自己曾经带过的班级，本应该是非常熟悉、上手非常快的，那还不简单吗？但是我却有完全不一样的体验，不得不感叹，四年级就像一条分水岭，学生会从幼稚走向成熟，会从乖巧单纯走向叛逆。

　　记得去年暑假，我因值班来到学校，当时合唱队正在紧张地排练，于是我便凑过去看。合唱队里有两名我之前班级的女生，所以我尤为关注她们。只是在她们散场时，不知是因为害羞还是一年不见感到生疏，两名女生并没有和我打招呼，而是低着头挽着手快速地溜走了。我感觉到她们已经长大了，不再像小时候那般叽叽喳喳的天真单纯，这让我对开学后再接班感到迷茫，常年带低段学生的我，不知道该怎么和高年级的学生相处。

果然，新学期，当我走进教室，发现底下那些面孔熟悉而又陌生，他们个子都长高了，脸不再是圆圆的，多了几分青涩的味道。与其说底下的一双双眼睛在看着我，不如说是在"打量"着我。我很快意识到，要想快速接管班级，就必须走进他们。低年级时，也许是他们全盘按照我的节奏在进行，那现在就要用民主的方式，更多地听取他们的意见和想法。

在刚开学的那阵子，我做的最多的事情就是与学生聊天：有通过和一些原来的班干部谈话了解班级情况的；也有在下课时间不回办公室，仍然和学生在教室里开玩笑的。聊的内容各种各样，慢慢知道她多了个妹妹，他最近在打什么游戏，他现在在看什么闲书……慢慢地，我就感觉到那种陌生感被打破了，那份熟悉感又回来了。

开学两周后的班会课，我并没有老套地和大家去制定班规，而是询问大家这学期想搞些什么班级活动。当大家七嘴八舌地说完后，我也提出了一个活动，就是让大家来写时间囊，大家都感到新奇而有趣。我和学生讲了什么是时间囊，并且约定在期末打开它。后半节课，大家都开始认认真真地写，然后郑重地走上讲台把时间囊投进罐子里。后来有的学生问我写了什么，我便告诉大家，我写的是

心目中的理想班级是什么样的，我很希望自己带的班级能有那样的良好风貌。

　　管理好一个班级有无数的办法、技巧，但我认为一切的前提都是要先走进学生的心里，只有让他们放下对老师的戒备、敌意，发自内心地相信你、喜欢你，他们才会与你共进退。在做班主任时，也应自省，究竟对待学生，你是发自内心的喜爱，还是厌烦？喜爱不代表就不发火不生气了，而是在每日那鸡零狗碎的班级管理工作中，依旧能有愿意倾听学生烦恼的耐心，依旧能有处理学生纠纷的公允，依旧能有想带学生变得更好的渴望。

　　所以，把心打开，走进学生中，就是我所认为快速接手新班级的唯一方法。

走进学生的心里，只有让他们发自内心
地喜欢你，相信你，他们才会与你共进退。

孙佩宁

点评

　　管理新接手的班级会遇到很多问题，班主任和学生之间需要经过一段磨合期，在深入了解彼此之后，学生才愿意在很多事情上对老师开诚布公。故事中的孙老师抓住了"走心"这个核心技巧，真诚地对学生敞开心胸，用心地观察他们的各种细节，并利用闲碎时间与学生进行拉家常式的聊天。在与学生的用心沟通中，主动拉近与他们的距离。正如孙老师所说，管理班级的前提就是"要先走进学生心里，只有让他们放下对老师的戒备、敌意，发自内心地相信你、喜欢你，他们才会与你共进退"。

Q 棘手问题：
当接班时，遇到一个懒散、写不好字的学生，你该怎么办？

43 "造字大师"

高丹青

四年级刚接班，班中一个叫豪豪的学生便引起了我的注意：语文、数学都是五十几分，英语三十几分，科学九十一分。科学能考这么高，脑瓜子应该没问题，我暗暗想。果然不出我所料，豪豪下课的时候古灵精怪，玩游戏总占得便宜，只是到了上课（科学课除外）的时候嘛，两眼呆滞，无精打采。而交上来的语文作业更是让我大吃一惊：且不说书写乱七八糟，笔画根本就是自成一体，白纸上看似密密麻麻地写了很多汉字，可这些字中，我只零星认得几个，大多数字我再怎么努力辨认也实在辨认不出，有的只是横竖撇捺点的随意堆砌。我把他叫到身边，请他读给我听，那一字一句认真流畅的模样，仿佛真是那么回事，我哭笑不得。这是遇到了一个"造字大师"啊！

　　寻得一个机会，我约豪豪的妈妈聊了一聊。他妈妈无奈地告诉我：豪豪的爸爸年纪有些大了，但为了生计还要在工地上班，每天到家只想喝喝小酒放松一下。她自己照顾一家的生活，尤其还得全力照顾不满周岁的外孙女。我再三强调豪豪的智力没有问题，现在落后的根源就是书写汉字没有掌握笔画规则。如今四年级才刚刚开始，完全来得及，但无论我怎么动之以情、晓之以理，家长都只是面露难色。这次约谈，唯一的收获是加了孩子姐姐的微信。

　　第二天，我把豪豪约到办公室，把跟他妈妈的聊天内容又原原本本地和他说了一遍。他脸上的嬉笑凝固了，低沉地回应："高老师，我愿意好好学。"

　　我对他的要求是，写之前尽可能地仔细观察字形，所有的汉字书写都要和黑板、语文书上看到的一样——笔画清楚。尤其是生字抄写本，看着每个字的"笔顺提醒"慢慢写。由于前期几乎不做回家作业，我特地提醒，回家作业可以以抄写为主，抄写课本上的词语、句子，以及自己阅读课外书时挑选的句子、段落，写得慢、量少没关系，努力把每个字写对、写清楚，每天坚持 40 分钟，当晚完成后就请姐姐帮忙拍照发给我，我会第一时间给他反馈。

有时候他难免还是三天打鱼，两天晒网，有时候努力写好的字还是会缺少"零件"，但好歹开始有了学习的劲头。课间，他坐在座位上对照着语文书写字；课堂上，他高高举起小手；作业面批，他得意地分享，这题是"我自己做出来的"……

正好赶上科学老师的"奇迹创意积木"社团招新，碰到科学老师，我打趣地说："豪豪这孩子，学得最好的就是科学，将来在科学上一定能大展拳脚。"没几天，豪豪激动地对我说："科学老师要派我去参加杭州市奇迹创意积木团体赛，我负责的是搭建。"那几天，他更忙了，常常天黑了还和同学留在实验室里练习。功夫不负有心人，后来真的传来好消息，孩子们的现场作品在市赛中取得了二等奖的好成绩。登上领奖台的那一刻，我竟察觉到豪豪有点手足无措。我把获奖照片发在班级群里，家长们纷纷竖起大拇指，豪豪妈妈也难得地在群里说了一句："感谢老师们！"

豪豪小学毕业将近一年了，去年下半年开始，学校对毕业生登记开放，他和一群同学笑哈哈地回来了，穿梭在各个办公室之间。不到两周后的一个黄昏，他一个人又来了。我见到站在面前的他说："读初中了，课业忙，不必常常来，我知道你是惦记我的。"他急忙说："有时间总是要来看您的。"那一刻，我差点泪流满面。

在任教两年后我匆匆开启支教之旅，有时候想想时间确实是短暂的，时光留给我很多的遗憾，唯有在不断的相遇中不违背自己的初心，这样才好。

赏识与鼓励，期待向未来。
高丹青

点评

面对写不好字的豪豪，高老师没有直接放弃，而是抓住机会与家长沟通，寻求家长的配合，家校共育才是对孩子最好的教育。同时，解铃还须系铃人，高老师与豪豪并谈心，帮助豪豪分解任务、降低难度，陪伴豪豪一起坚持。在高老师的持续帮扶下，豪豪重拾学习的信心。面对豪豪的特长，高老师从不吝啬给予机会，参加奇迹创意比赛并获奖更是让豪豪体会到了成功的喜悦，找到了人生的目标。每一名学生都期待老师的鼓励，我们用心付出才能获得学生的回应，一起迎接未来。

Q 棘手问题：
当遇到学生做事屡次胡来时，你怎么办？

44 让信任之花盛开

马佳宁

开学之初，我们便迎来了第一个校园活动——"国庆合唱比赛"。我们班选的曲目是《我最亲爱的祖国》，在室外排练合唱的时候，我发现 H 同学总是站不好队形，歌词也总是忘记。我很严厉地批评教育他后，第二天，他果然老实了很多。

偶尔班级里需要有人来管理纪律的时候，他总是喜欢第一个举手："老师，我来！我来！"由于开学之初，我对他的第一印象不是太好，后面在选任班干部的时候，也基本上没考虑过。

在批改作业的过程中，我发现他的字写得又大又丑，有的根本没法看，这也反映了他的学习态度是很不认真的。不仅如此，有些我刚刚讲过的题目也都是答错的，这让我非常恼火，对他的印象无疑又大打折扣。

不久后，学校举办了家长开放日，我们班级的绘画主题是"寻春去"。他画的却是一幅坦克大战图，并且还是在他父亲的陪同下，一起画的。这说明这位父亲也没有认真看我在班级群发布的通知。

H同学的种种表现，基本上让我对他的做事风格有了一定的了解。

之前，我想周末去他家家访，但是一直没空。有一天在忙完自己的学习后，终于去他家家访了。我了解到他的妈妈在电商公司工作，每天到家都要晚上八点了，他的父亲也要晚上九点多到家，而且他们工作的地方离家都很远。

而H同学可能下午五点半就到家了，可他妈妈到家的时间是晚上八点，中间这段时间里，他只有奶奶陪伴，但是奶奶却不识字。因此班级群的作业传达可能不到位。也是这次家访后，我决定要订购一批家校本，这样作业不再需要父母传达。这件事情，我很快就落实了。

在和他母亲的交流中，我主要反馈了两点：第一，他做事"胡乱来"的风格；第二，不在意事情后果的"无所谓"态度。我给他的母亲提建议，晚上下班回来后，利用十几分钟检查一下他作业中的题目，并及时与我沟通交流。

在这次家访中，我把期待看到H同学哪些方面的进步，直接告诉了他：认真做事，有方法地做事，而不是胡乱来；在把重要的事情做砸后，要有反思，而不是一副无所谓的态度。我想这样他就更加清楚自己的努力方向了。我说的时候，H同学就站在我面前，认认真真地听着，眼睛似乎有一些泛红，而坐在我身边的H同学的妈妈，眼睛也有些红。这时候我对他说："咱们抱一抱吧！过去的，翻篇了！从明天开始，你就是一个全新的你！"他高兴地点点头。

接下来，他有了变化：他的字逐渐变得美观了，说话方式也比上学期有礼貌很多。

那么就继续给 H 同学一些时间，让师生之间的信任之花盛开吧！

用知识点亮智慧，用品行助力成长，让每个孩子发出自己的光亮！

马佳宁

点评

这个故事不禁让我想到了自己班的学生。有这样一些学生，他们的行为习惯不是很好，学习成绩不尽如人意，还似乎天天惹你生气，老师对他们的关注点往往放在他们做得不好的地方，想尽一切办法想帮助他们改正。但这样做的效果往往不好。其实，你急切的样子落在学生们的眼里，是一种批评和不信任。尝试放下自己"老母亲"的心态，多还一些信任给他们，多给他们成长的时间和空间，发掘他们的闪光点并放大，再放大，或许他们会还你一个奇迹。

Q 棘手问题：
当遇到不听劝的学生时，你该怎么办？

45 情感银行

施培娟

有一天下班比较晚，刚走出校门不远，我就看到路灯下一个熟悉的身影在那里不断地徘徊，定睛一看是我们班的小飞。小飞是我们班一个很叛逆的学生，迟到、上课故意讲话、不写作业……诸如此类的事情在他身上不断发生，而且他屡教不改，各科老师提起他来都是直摇头。在他身上我也花了很多时间去讲道理、打感情牌，但是没有任何效果，甚至还引起了他的反感，以至于有时候还故意在课堂上捣乱。从教多年，小飞这样的学生不能说没有，但也是极少见的了，他一度动摇了我的信心，让我对自己的班主任工作能力产生了怀疑。

天都快黑了，他怎么还没有回家？我走过去叫了他一声，他看到我后，应了一声，又低头在那里用脚玩沙子。我刚想掏出手机帮他联系家长，小飞闷闷的声音从旁边传来："老师，你别打了，我爸妈回安徽老家陪姐姐考试去了，晚上十点后舅舅才会来陪我。"这么小的孩子一个人在家怎么解决吃饭问题啊？别到时饿坏了。于是，我带着他到旁边的小饭店吃了晚饭，顺便给他买了面包和水果，并送他回家。离开他家时，我嘱咐他晚上在舅舅来之前不要给任何人开门，有事情马上给我打电话，他一一答应着。这时的他，很温和，很懂事，似乎和学校里的"他"没有了一点联系。

第二天一大早，他扭扭捏捏地带了一块巧克力送给我，小声地跟我说了声"谢谢"。这一天，破天荒的，在我上语文课的时候，他居然没有东倒西歪地坐着，也没有捣乱。放学的时候我特地叫住他："小飞，老师家里只有一个人，晚上你和我一起吃完晚饭再回家，好吗？"他犹豫了很久，最终还是点了点头。第二次一起吃饭，他明显没有上次那么拘谨了，聊着聊着，他认真地对我说："老师，我发现你是一个好人，以后我罩着你。"童言无忌，我笑了笑，并未把这句话放在心上。然而很快我就知道了他那句"罩着你"是什么意思了。班里有几个学生平常总是写作业拖拉，之后几天，每节课的下课时间，小飞就一个个催促他们赶紧完成语文作业，甚至还提醒几个上课容易走神的学生上语文课必须认真听讲……他自己在我面前也在不断地改变：上课认真听了，作业也按时完成了，也很少与同学产生冲突了……慢慢地，小飞已经完全改变了原来那种状态，在他身上丝毫找不出当初那些叛逆的影子，他甚至还当上了科学学科的小组长。

我很欣喜看到小飞的改变，但是内心却不平静，且很困惑：为什么我之前对他苦口婆心，十八般"武艺"都用上了，却一点用都没有；这段时间只是带他吃了几次晚饭并略微表示了对他生活的关心，就收获了这名学生对我的巨大"回报"呢？为了解决这个困惑，我翻阅了大量的心理学书籍，直到我看到美国心理学家哈利提到的一个概念"情感银行"，才终于有所顿悟。人与人之间的情感和银行一样，有存款和透支。我原来总是抱怨这个学生为什么对我苦口婆心的教育不领情，却从来没有进行反思：学生到底有没有体会到我对他的关心，我的教育在他的"情感银行"里是进行"存款"还是"透支"？人心是最奇妙的东西，它清澈玲珑，任何一点善意，都能激起它情感的涟漪。君子交心不交利，师生之间何尝不是如此呢？

从此以后，我喜欢多去每个学生的"情感银行"里"存存款"，让他们感受到我对他们的关心和爱。"亲其师，信其道"，当学生对老师完全信任后，我们的师生故事会变得更加美好。春风化雨，教育本来就应该是一场最美丽的邂逅！

春风化雨，教育由"心"而生。"心"之所向，桃李由此而成。

施蓉娟·

点评

将情感比作银行，将爱的投入比作存款。这一理念，会改变我们班主任工作中的种种行为。无论是面对像故事中小飞这样性格叛逆的学生，还是面对乖巧的学生，我们只要不断地进行爱的投入，那情感银行就会回馈给我们丰厚的"利润"，以及与学生越贴越近的心。

Q 棘手问题：
当遇到学生没完成作业时，你该怎么办？

46 "小懒虫"的进化史

毛英颖

那年夏天，风遇见了云，花遇见了树，萤火虫遇见了星光，而我遇见了可爱的学生们……

冬日的阳光照射到教室里，同学们正安静而投入地看着书，科代表将作业情况汇报给我："老师，小李的抄写本作业又没有完成。"我的内心燃起一团火，怒目圆睁地盯着小李："为什么又出现这种情况？"他低着头并没有说话。"这是你第几次作业不完成了？"我愤愤不平，"老师之前提醒你多次，为什么又出现这种情况呢？"

一、进化成"男子汉"

他的身体一动不动，脸色如又硬又黑的石头，不为所动；他的眼睛里面扫射出敌意，似乎要射穿每一个人。我让自己静下心来，走到他身旁，在他耳畔悄悄说道："老师想听听你的心里话，你到走廊上去等下我。"他默默地站起身来，向走廊走去。我看着他，在他的本子上写下："每一个人都需要对自己的事情负责。一个大将军能够扛起一支军队，这是他的担当，越是能干的人越能担大任。你能否把自己学习之事做好？"他轻轻地说道："昨天我又偷懒了……"他的脸色由铁青慢慢变得红润起来，"老师，我下次一定努力完成。"我的眼睛里流露出对他的信任，嘴角展露微笑，在他的本子上写下："男子汉，可要守信哟，一言为定！"

二、进化成"小暖男"

随后，我和小李的妈妈电话联系，他妈妈说："有时候要被这个娃气出内伤，每天先玩再写作业，拖延到超级晚，催他又催不动，我最近都不去管他。"后来，我在他的每日感言上看到："我妈妈每天都要说我，小越妈妈就超级好——小越即使犯错了也不凶他，好羡慕。"我细细回顾小李的行为，可能他经常听到的是批评，抑制了他的能动性，他的行动慢慢变得滞缓，甚至以不动表示抵抗。

于是，我和他妈妈再一次联系："您的孩子更像是难以驯服的千里马，他的确有很多不足，但是他懂得上进，这是很可贵的。要多给孩子一些鼓励，多看到他的闪光点，他会越来越好的。"

了解小李的情况后，我采用积极鼓励的方式，不断地去激励他。当然，这当中也会有插曲。那天教室里来了新伙伴——一盆草莓苗，小李举手想要负责养这盆植物。我也慢慢期待着它结出小草莓，可是这调皮贪玩的小李同学，忘记给草莓苗浇水了，最后草莓苗蔫

了……他还是没有学会负责和照顾。

通过一日一日相处，小李与同学之间拥有了很多温暖的互动，我也在"爱的教育"中慢慢走进他的内心：当他参加跳高比赛时，我给他送去热血沸腾的鼓励；当他声情并茂地朗读"头白的芦苇，也妆成一瞬的红颜了"时，我奖励他一束特别的芦苇；当他咳嗽得厉害时，我给他递上我自制的红枣姜茶……

小懒虫也时常犯小毛病：有时候，阅读题潦潦草草写几个字应付了事；上课时，不记笔记；语文预习没有完成……我默默关注着，给他注入爱的能量和鼓励，期待着"小懒虫"变勤快。那一次，他坚持体育锻炼，夜深父母都睡了，他为了不影响家人睡觉，脱下鞋子悄悄地锻炼。当我了解到这个情况时，我被这个身影深深地打动了。"小懒虫"变得不一样了：上课前会主动帮老师把电脑打开；午餐时每天都会帮老师端来餐盘；有时甚至会将自己最爱吃的面包送给老师……

三、进化成"小书虫"

走进学生的内心，我再也不是那座易爆发的"火山"。尊重孩子活泼好动的天性，我和学生许下一个"多乐岛之约"。"多乐岛乐园一日游"，是多么珍贵的奖励，只有"状元""榜眼""探花"和进步最大之人，才能拥有这个机会。

为了鼓励学生们"悦读"，我给全班买了很多获得国际儿童奖的书籍，只见"小懒虫"竟变成了"小书虫"。我朝小李开玩笑："读一本书就是赚20元呢！"他朝我憨憨一笑说："平时爸爸妈妈工资赚得不多，不好意思和他们说买课外书。"想到那天他告诉我，他身上那件黄色的衣服是妈妈穿过的，他穿着刚刚好就穿了，我似乎慢慢发现了这个"小懒虫"的体贴和懂事。

有了"多乐岛之约"，学生们的学习似乎更有劲了，"小懒虫"也在一点点进步。我也和学生们一同慢慢地成长着，我开始用幽默的方式引导他们正视错误，告诉他们用勇敢积极的态度面对自己的错误……期末成绩出来之后，前后对比，发现进步最大的人竟然是小李同学。他凭着对书籍阅读的兴趣，养成了很好的阅读习惯，书籍也给他注入了很多力量。他酷爱阅读，如今成了我们班的"故事大王"，他的眼中出现了一道自信的光芒！我也兑现自己的诺言，带获奖的学生去多乐岛一日游，去钟书阁选择一本自己最喜欢的书读。

第二个学期，教师节那天，他早早地来办公室，久久地候着，略带害羞地送上一朵鲜花给我。那份别样的温暖，流动在我们师生之间。

面对"小懒虫"，我也改变了"愤怒批评"的方式，用欣赏的眼光，用爱的教育，用默契的约定，化解了师生之间的隔阂，从而有了默契和情感。"小懒虫"变得不一样了，他变成了一个会担当的小男子汉，变成了一个会照顾人的小暖男，变成了一个爱阅读的小书虫。

一切都是美好的遇见，
用欣赏的眼睛，
去发现一匹匹千里马。

毛英颖

点评

有时候，我们会因为身上压着的那些繁杂琐碎的事务而变得烦躁，对待一些"调皮"的学生总是控制不住"火气"，只是进行简单粗暴的批评。我们忘记了用欣赏的眼光去看待，忘记了自己选择教师事业的初心，忘记了走进学生的世界去看一看，去了解他为什么会这样。

欣赏学生，并不是一味地说学生"好，好，好"，而是要欣赏学生的优点、特长，不断地去挖掘他们的潜能。这需要很长很长时间的学习与实践。

Q <u>棘手问题:</u>
<u>当遇到班干部没有威信时,你该怎么办?</u>

47 被抢光的"扁鸡蛋"

王 欢

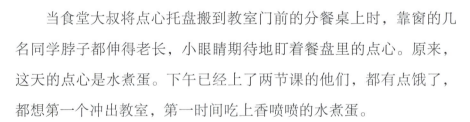

当食堂大叔将点心托盘搬到教室门前的分餐桌上时,靠窗的几名同学脖子都伸得老长,小眼睛期待地盯着餐盘里的点心。原来,这天的点心是水煮蛋。下午已经上了两节课的他们,都有点饿了,都想第一个冲出教室,第一时间吃上香喷喷的水煮蛋。

就在班长小淼打开托盘上的保鲜膜后,她立刻就过来告诉我:"王老师,今天的鸡蛋好多都被压扁了,排队排在前面的同学就会去拿那些完整的,剩下被压扁的鸡蛋肯定没人要了。"我过去一看,果然是这样——有的鸡蛋穿着完整光滑的外衣,圆溜溜地躺在托盘里,像一个个可爱的乖宝宝;有的鸡蛋被压扁了,蛋壳被压出了一道道裂纹,露出了雪白的皮肤;甚至还有几个鸡蛋被压烂了,蛋清和蛋黄都分不清了,但是基本还算完整,只是不那么好看了。

我想：去找食堂大叔换鸡蛋估计行不通，毕竟全校的鸡蛋是定量的，而且班上被压扁的鸡蛋有十几个，全部换了可能全校鸡蛋的数量就不够了。于是在教室门口的餐盘边，我告诉班长小淼："小淼，你是我们班最重要的班干部，是我们这个班集体的顶梁柱，就像我们社会上那些警察、消防员叔叔一样，他们永远把老百姓的利益放在第一位。那么这个时候你也应该维护班上同学们的利益，这些压扁的鸡蛋可能会没人领，要不你先领走这个压扁的鸡蛋吧？同学们要是知道你这么为他们着想，他们一定会很感动的。"班长小淼第一时间明白了我的意思，若有所思地点点头，接着她立刻选了那个蛋清和蛋黄都分不清了的最烂的鸡蛋，走进了教室。

其他同学都端坐在教室里，等着班长发指令后出去排队领鸡蛋。就在这时，我对班上的同学说："同学们，刚刚王老师看到了让我非常感动的一幕。今天食堂大叔送来的鸡蛋好多都被压扁了，有的还被压烂了，但是，我们的班长小淼，她明明是有机会选择最完整最好看的鸡蛋给自己的，却第一时间选择了一个被压烂的鸡蛋。我正觉得奇怪，问她为什么这么做，她说她想把更好的鸡蛋留给其他同学。这是多么热爱同学、热爱班集体的班长啊！"说完，班上好多同学都把目光投向了小淼桌上那个被压烂的鸡蛋，有几个同学还为她竖起了大拇指，小淼也不好意思地笑了。

"今天，我目睹了小淼的这一举动，我相信肯定还有许许多多我们没有看到的地方，她在默默地为我们班做着贡献。这让我十分感动！"说完，班上响起了一阵热烈的掌声。

接下来，同学们出去排队领鸡蛋，比往常安静有序了许多。我们班同学是按照每一组座位的顺序从后门出去排队领鸡蛋的，领好鸡蛋再从前门进来回到教室的座位上，这样的单向排队，排到最后正好全部领完。就在大家安静排队领鸡蛋的时候，我发现好多排在前面的同学都拿了压扁的鸡蛋。还有几个学生举着压扁的鸡蛋走到我面前，告诉我："王老师，我们也是班干部，我们也拿了被压扁的鸡蛋，也想把更好的留给班上其他同学。"他们一个个满脸笑容地举着被压扁的鸡蛋示意给我看。到后面，几乎所有被压扁的鸡蛋都被拿走了，剩下的都是完整光滑的鸡蛋。

一盘"扁鸡蛋"就这样一下子被"抢"光了。那些领走"扁鸡蛋"的班干部，他们对班级责任感的理解会更加深刻。那些将这一幕幕看在眼中的同学，对班干部的感激与理解也会更加深刻。经过这件事情，在后面的班级管理中，班干部管理班级果然得心应手了许多。

班干部的付出，需要被看见，才能被理解，被尊重！

点评

　　班干部威信的树立，是需要老师的引导的。故事中，王老师用学生可感的警察、消防员的事迹来激励班干部，使班干部有行动的榜样。当班干部的"标杆"形象树立之后，他们对其他同学的正面影响，就自然地形成了。

Q 棘手问题：
当遇到原本准备好的发给学生的奖品不够分时，你该怎么办？

48 一个橘子

朱舒婷

　　中午，分水果时多出了一个橘子。这个季节的橘子又大又甜，人人都喜欢。我和学生们约定，自习课上哪个小组最安静、最认真就获得奖励。那是最最平常的一节自习课，在这个相对比较活跃的班级，却表现出难得的安静。瞅瞅这一边，写作业的学生写得认认真真；瞧瞧那一边，看书的学生也看得津津有味。就连平时最闹腾的几名学生也都表现得非常出色。

　　临近下课，却让我犯了难：学生们都这么认真。可是橘子只有一个，究竟该奖励给哪个小组呢？索性把评选的权利交给大家吧，让学生们来推选。我表扬了所有学生在自习课上的表现，也向大家提出了这个难题。一名女生站起来，说："我觉得应该奖给小宇组。因为他们组刚才很认真，而且本来我同桌平时有点儿吵，可他今天一次也没有打扰到别人，还认认真真完成了作业。"我看向小宇，平时大大咧咧的他显得有些不好意思。再看看他的作业本，虽然有几个错别字，字也有点歪歪斜斜，可是从那一笔一画中确实透露出不同与以往的认真。我向大家展示了他的作业，同学们也纷纷对他竖起了大拇指。在同学的掌声中，小宇笑着上台领奖，将那个大橘子郑重地托在手心里。

"朱老师，还剩下四瓣儿橘子，怎么分？"这一个小组总共有六名学生，每人一瓣有得多，每人两瓣又不够分。这下可让小宇犯了难。"你自己吃过了吗？"小宇摇摇头，我示意他自己吃一瓣。"那剩下的怎么办呢？""那么，你想怎么来分配呢？"小宇皱着眉头又去分。没一会儿工夫，小宇和几个女生再次一起围到了讲台边，脸上带着快要满溢出来的笑意。原来，他把剩下的几瓣橘子分给了组里的女生，其他几名男生也都表示同意，分到橘子的女生正围着他道谢呢。小宇的脸渐渐红起来了，眼睛也越来越亮。平日里调皮捣蛋的他，第一次获得了这样隆重的赞扬与谢意。他对我说："朱老师，我好高兴啊！比自己吃一整个橘子都要开心！"此刻的小宇眼里仿佛盛满了星星。

让我没想到的是，接下去的几天里，小宇像变了一个人一样：

课间不再调皮捣蛋了，上课时小动作明显少了许多，一整天眼神都是亮亮的，显出蓬勃的朝气来。一个原本不够分的小橘子，竟然释放出了那么大的威力。

每名学生的内心都是渴望得到别人的赞赏与认可的。也许，我们不经意间的一次热烈而隆重的奖赏，就是一次奇迹的投放。

用欣赏的眼光看待学生，用宽容的心态面对学生，用爱发掘每一个孩子的闪光点。

朱舒婷

点评

这个故事多温暖啊，充盈着老师对学生的爱与尊重；这份爱与尊重多妙呀，帮助一个孩子改变了自己的行为。

"奖品不够分"的情况，很多老师都遇到过，这种尴尬的情况能不能转换为一个教育契机？朱老师做到了。在这个故事里，我读到了老师对学生的耐心引导，班里其他学生对这个学生的关怀。在这个班风良好的班级中，所有人都在帮助这个学生，这个学生想不好都难。

49 不倒的偶像

姜晓燕

周杰伦结婚啦！和一个叫昆凌的女孩结婚了！

早晨的班级里，学生们都在议论这个话题。男生们群情激动，唾沫星子乱飞，女生们大多黯然神伤。

"周杰伦的影响力真不小，他结婚的消息，竟然让我们班的早自修陷入了'瘫痪'。此刻，没有什么事能比周杰伦结婚对他们来说更重大了。这是他们今天生活中很重要的一部分。听听他们怎么说。"我心里暗暗想着。在很多时候，我们要尊重学生，学会倾听。我大可以让他们停止"无聊"的谈论，进行早自修，但是他们的心是禁止不了的。因为心要自由！

那就让他们痛痛快快地谈个够——

"我昨天看电视，娱乐新闻里讲周杰伦和昆凌在英国的一座古堡里面举行了婚礼。他俩结婚简直就是王子和公主的结合，太般配了。"小梦同学说道。

"什么是'简直'呀？应该说是'真的'。周杰伦就是我心目中的王子。他唱的每一首歌我都喜欢，也几乎都会唱。我的床头还贴了一张周杰伦的海报呢，超酷的。可惜呀，他现在结婚了！"小倩一直以来都是周杰伦的超级粉丝。她阳光率直，可是她今天最后话语中的落寞，是我第一次听到的。

"周杰伦结婚了，我们应该祝福他才是呀。怎么都耷拉着脑袋呢？"我不解地问。

"姜老师，你不知道吗？周杰伦结婚了，以后他就要照顾昆凌，他还要生五个孩子。不会像以前一样有时间来写歌了！也不会为我们写歌了！"小倩说道。

其他同学应声附和。这就是他们的担心。难道这就是他们对偶像破灭的开始吗？

我不想去安慰他们些什么，这是他们人生路上必经历的事情。回想自己的青春，我也是这样过来的。突然间我很想跟他们分享。于是，我对他们说："我也追过星！"

嘈杂的教室立刻安静了下来。

"姜老师，你骗我们吧？"晓晨同学问我。我摇摇头，斩钉截铁地说："是真的。我追过的明星是张学友。"

"张——学——友——"他们念着这个名字，"'张学友'这个名字，我听说过。"

"我那时候读初中，学习非常紧张。张学友被称为歌神。他唱的歌成为我紧张学习中的调节剂。比如他唱的《一路上有你》《只想一生跟你走》《祝福》，我都会唱。我不仅会唱他的歌，还把他唱的歌的歌词抄写在本子上，配上好看的插图呢。那也是我的文学启蒙。"我告诉他们。

"我和姜老师是一样的。周杰伦的那首《蒲公英的约定》，我也是抄写在心爱的本子上的。"心思细腻的小茜说。

我继续说道："张学友在他最红的时候，选择了结婚。结婚后，他的作品没有以前那么多了，但是他依然坚持唱着。前段日子我还在网上听到他新的单曲《醒着做梦》呢！所以你们不用担心周杰伦结婚后，没有作品问世了。我相信他一定会接着写的，因为他热爱音乐！"

听我这么一说，他们似乎释怀了，不约而同地笑了。

我忍不住问他们："周杰伦唱歌咬字都咬不准，你们怎么会这么喜欢他呢？你们究竟喜欢他什么？"

教室里静默了一会儿，又有了回声。

"我喜欢他唱歌时忧郁的眼神。"

"我喜欢他钢琴弹得一级棒，他在电影《不能说的秘密》中，把钢琴'玩'得太漂亮了。"

"我喜欢他从2001年开始每年都出一张专辑，每张专辑都有不同风格的歌曲，我最喜欢他那些'中国风'的歌曲。"

"周杰伦才华横溢，又勤奋努力。你们这么喜欢他，他一定很开心。他有一首歌，还入选了宝岛台湾的语文课本呢，你们知道是哪一首吗？"我故作神秘地说。

　　他们都摇头。在这个信息爆炸的时代，要想与他们有共同话题，就得接触他们的文化。我告诉他们："这首歌曲的名字叫《听妈妈的话》。"

　　"这首歌曲，我会唱。"

　　"我也会唱。"

　　"我们一起唱！"

　　小朋友，你是否有很多问号

　　为什么，别人在那看漫画

　　我却在学画画，对着钢琴说话

　　别人在玩游戏，我却靠在墙壁背我的 ABC

　　我说我要一台大大的飞机

　　但却得到一台旧旧录音机

　　为什么要听妈妈的话

　　长大后你就会开始懂了这段话

　　哼长大后我开始明白

　　为什么我，跑得比别人快

　　飞得比别人高

　　将来大家看的都是我画的漫画

　　大家唱的都是，我写的歌

　　妈妈的辛苦，不让你看见

　　温暖的食谱在她心里面

　　有空就多多握握她的手

把手牵着一起梦游

……

这也许就是他们喜欢周杰伦，没有说的那个理由吧？

儿童的心灵是敏感的，它是为着接受一切好的东西而敞开示。我们要诱导儿童学好的榜样。

姜也芝

点评

　　当我们以班主任自居的时候，我们离学生的距离就远了。当我们以朋友自居的时候，我们就走近了他们。偶像文化，是在每个时代学生的教育中，都要面临的问题。我们不能高高在上，只需要真诚地与学生分享自己对偶像的看法就可以了。因为真诚，是沟通与交流的开始。

Q 棘手问题：
当遇到要培养班级的凝聚力、班级精神时, 你该怎么办?

50 我们的"合唱团日"

姜晓燕

　　每周五是我们 402 班例行的"合唱团日"。说是"合唱团"，其实是整个班级作为一个团体进行大合唱。

　　我们一般不唱音乐教材中的歌曲，而是唱流行歌曲。流行歌曲，作为一种通俗文化，传播得很广、很快。在这些流行歌曲中，不乏优秀、上进的歌曲。我们精选出一些好的歌曲推荐给学生们，让他们欣赏，让他们演唱，让他们与生活产生联结，在歌声中快乐地成长。

　　例如，我们精选了下列歌曲：水木年华的《启程》、汪峰的《怒放的生命》、赵传的《我是一只小小鸟》、李宗盛的《真心英雄》、五月天的《倔强》、王铮亮的《时间都去哪儿了》、小虎队的《爱》……

　　这些歌曲，离他们的生活很近，差不多在他们的生活中都能听到。但是，很多的时候，这些"好歌曲"是被我们禁止唱的，在学校里必须唱音乐教材上的歌曲，才是符合标准的。学校成了一个绝缘体，他们的学习空间，就变得像鲁迅笔下一样"只能望见院子里高墙上的四角天空"。

我们要培养的是眼界宽广的学生。著名教育家杜威在《学校与社会》一书中写道："我们所要求的是使儿童带着整个的身体和整个的心智来到学校，又带着更圆满发展的心智和甚至更健康的身体离开学校。"要造就和谐发展的人，也就是说，一方面要发展和满足他们的需要，另一方面要发展他们的能力。

允许学生们在星期五大声地演唱流行歌曲，他们是非常开心的，唱歌能让他们释放情绪，把一个星期以来累积的学习上的辛苦和劳累一扫而光。

记得上周学校进行体育素质达标运动会，我们班的学生经过前段日子的刻苦训练，我鼓励他们勇敢地去参加测试，他们自信满满。但是测试过程中，我们班的体育成绩并不理想，跳绳一项的团体成绩还排在了最后一名。

他们回到教室，一个个垂头丧气。有学生流着眼泪说："体育训练付出了那么多的心血，却落得个最后一名。"我安慰他们说："我们不要太在意这最后一名。我看到了你们每个人经过汗水的洗礼之后，跳绳次数上的进步。你们每一个人，都是冠军。"还有学生说："'一分耕耘，一分收获'是假的。有时候，耕耘了，并不一定有收获。"这名学生的这番话，冰冻了全班学生的情绪。班级陷入了深深的沉默。小小年纪的他们，已经经历了生活的残酷和希望的破灭。我竟不知道说些什么安慰他们。

　　但这种残酷，换一种角度来看，也是一种财富。我不动声色地打开班级里的电脑，播放了一首歌手许美静演唱的《阳光总在风雨后》："人生路上甜苦和喜忧，愿与你分担所有。难免曾经跌倒和等候，要勇敢地抬头，谁愿藏躲在避风的港口，宁有波涛汹涌的自由，愿是你心中灯塔的守候，在迷雾中让你看透……"

　　学生们不约而同地哼唱了起来，很多学生早就在平时听过，很快会唱了。他们任眼泪流淌在脸上，心中却慢慢地有了阳光。如何面对失败，我们教科书中这样的教育是缺失的。一首充满正能量的歌曲，在特定的环境下，伴随着他们走出了失败的阴影。其实，失败并不可怕，可怕的是没有勇气去战胜失败。

　　他们在座位上唱完一遍之后，我让他们站起来唱，最后变成全班的大合唱："阳光总在风雨后，请相信有彩虹。风风雨雨都接受，我一直会在你的左右……"

　　无须多言，润物细无声。有人说，唱歌能对健康有益，能促进深呼吸，从而使肺活量得到提升，并促进血液循环。我想这只是身体上的好处，唱歌更多的是精神上的"清洁"——你看，全班意气风发地合唱《阳光总在风雨后》，坚定的声音在教室里回荡，激励着每一名学生的心。这一幕，是多么充满正能量啊！歌词中的内容，渐渐地成了他们生命的投射，他们的灵魂变得丰富多彩、生机勃勃。

　　合唱完后，我对他们说："失败是很常见的，以后当我们遇到失败这只拦路虎的时候，请唱起这首歌。记住，'阳光总在风雨后，乌云上有晴空。珍惜所有的感动，每一份希望在你手中'……"

　　失败中，我们唱《阳光总在风雨后》，我们也唱《勇敢的心》，我们更唱《怒放的生命》。你会发现，在合唱中，班级的文化氛围、班级精神在悄悄地发生改变，他们的精神面貌也在悄悄地发生改变。他们有了良好的品德，有了很好的审美能力，他们成为和谐发展的人。而这一切的变化，全来自自由自在的歌唱。我们的"合唱团日"，就是我们的一片艳阳天！

班主任的重大工作在于养成学生的风度，形成他们健全的人格。

点评

　　培养班级的凝聚力，是需要一种载体的。姜老师选择的是"大合唱"，用一首首充满正能量的歌曲，激励学生，成为班集体的"好歌曲"。在这过程中，班级的精神也得到了培育，学生身上的痛苦和创伤逐渐消失。教育润无声。